MW01114445

VIDA
Propósito
Y DESTINO

DESCUBRE EL PLAN DE DIOS
PARA TU VIDA

ANNA CARRILLO

Editorial Güipil

Para otros materiales, visítanos en:
EditorialGuipil.com

© 2021 por Anna Carrillo
Todos los derechos reservados
Vida, propósito y destino

Publicado por **Editorial Güipil**
Miami, FL - Charlotte, NC. Estados Unidos de América

Reservados todos los derechos. Ninguna porción ni parte de esta obra se puede reproducir, ni guardar en un sistema de almacenamiento de información, ni transmitir en ninguna forma por ningún medio (electrónico, mecánico, de fotocopiado, grabación, etc.) sin el permiso previo de los editores, excepto para breves citas y reseñas.

Esta publicación contiene las opiniones e ideas de su autor. Su objetivo es proporcionar material informativo y útil sobre los temas tratados en la publicación. Se vende con el entendimiento de que el autor y el editor no están involucrados en la prestación de servicios financieros, de salud o cualquier otro tipo de servicios personales y profesionales en el libro. El lector debe consultar a su consejero personal u otro profesional competente antes de adoptar cualquiera de las sugerencias de este libro o extraer deducciones de ella. El autor y el editor expresamente niegan toda responsabilidad por cualquier efecto, pérdida o riesgo, personal o de otro tipo, que se incurre como consecuencia, directa o indirectamente, del uso y aplicación de cualquiera de los contenidos de este libro.

Versículos bíblicos indicados con NVI han sido tomados de la Santa Biblia, Nueva Versión Internacional, NVI. ©1999 por Bíblica, Inc. Usado con permiso de Zondervan. Todos los derechos reservados mundialmente. www.zonderban.com.
Versículos bíblicos indicados con RV60 han sido tomados de la Santa Biblia, versión Reina Valera 1960. ©1960 Sociedades Bíblicas en América Latina; ©renovado 1988 Sociedades Bíblicas Unidas. Utilizado con permiso. Reina Valera 1960© es una marca registrada de la American Bible Society.
Versículos bíblicos indicados con NTV han sido tomado de la Santa Biblia, Nueva Traducción Viviente, © Tyndale House Foundation 2008, 2009, 2010. Usado con permiso de Tyndale House Publishers, Inc., 351 Executive Dr., Carol Stream, IL 60188, Estados Unidos de América. Todos los derechos reservados.

Editorial Güipil

Editorial Güipil. Primera edición 2021
www.EditorialGuipil.com

ISBN: 978-1-953689-31-3

Categoría: Crecimiento Personal / Autoayuda / Vida práctica / Inspiración

Dedicatoria

A mi esposo, quien ha estado a mi lado durante todo este proyecto, animándome en los momentos en que me sentí tentada en claudicar, y siempre dándome su voto de confianza y su apoyo incondicional.

A mis hijos y nietos, quienes fueron mi inspiración para escribir estas líneas, sabiendo que al quedar escritas para siempre, ellos podrán encontrar una parte de mí, un legado para ellos.

A mi madre, quien con su ejemplo de perseverancia y fe ha sido una inspiración para mi vida, y me ha enseñado que debemos luchar sin rendirnos hasta alcanzar nuestras metas. En su juventud desarrolló una pasión por la escritura y escribió líneas que nadie leyó; pero hoy le dedico esta obra y la honro por todo lo que me has enseñado.

A mi familia, quienes me aman incondicionalmente, me apoyan en todo lo que emprendo y están conmigo en las buenas y en las malas.

A mis pastores, quienes han sido una pieza clave para todo lo que he logrado en mi vida, pues han sido mis padres espirituales, mis mentores y mis consejeros durante dos décadas.

Agradecimientos

Agradezco a Dios, porque sé que Él es quien nos inspira, nos mueve y nos abre caminos; y, eliminando todo obstáculo, prospera nuestros proyectos. Este libro no sería una realidad si la bondad y la gracia de Dios no se hubiesen manifestado en mi vida.

Agradezco a mi esposo, pues sin su apoyo en todas las formas imaginables, no hubiera logrado culminar esta obra.

Contenido

Prólogo 9

Parte 1: Vida

1. La vida es un regalo de Dios.................... 13

2. Un día a la vez.. 21

3. Contra corriente... 31

4. Con el favor de Dios.................................. 39

5. Déjalo ir.. 47

6. De larga duración...................................... 57

Parte 2: Propósito

7. Una vida sin propósito.............................. 65

8. Es tu turno de vivir.................................... 73

9. Vive tu propia vida..................................... 81

Parte 3: Destino

10. Lo inevitable... 89

11. Viviendo dentro de una burbuja............... 97

12. Yo mantuve vivo a mi papá...................... 105

13. Destino divino en la tierra........................ 111

Conclusión 119

Acerca de la autora 121

Prólogo

Porque yo sé los planes que tengo para vosotros» —declara el SEÑOR— «planes de bienestar y no de calamidad, para daros un futuro y una esperanza. (Jeremías 29:11)

En este libro, Anna Carrillo explica algunas pautas de una manera dinámica de lo que toda persona pudiera comprender, para vivir una vida llena de satisfacción, cumpliendo así con su propósito y por último llegar al destino final que depara a cada uno de aquellos que, comprendiéndolas, se direccionará hacia un destino eterno lleno de gloria.

Su perspectiva nace de la experiencia personal. Ello permite que tenga un fuerte deseo de ver que cada individuo camine en esta vida de una manera plena. Usted fue diseñado por nuestro Padre Celestial para que le representara en esta tierra y lo dotó de todos los recursos para ejecutar el deseo de Él y para que en medio de este peregrinar de la vida usted le encuentre sentido.

No podemos enorgullecernos de ser el reflejo de Dios en esta tierra. Ser parte de ello debe de conducirnos en total humildad a tomar el reto para cumplir con nuestro propósito y como dijo el Apóstol Pablo a su discípulo Timoteo:

Porque yo ya estoy para ser sacrificado, y el tiempo de mi partida está cercano. He peleado la buena batalla, he acabado la carrera, he guardado la fe. 2 Timoteo 4:6-7

En este mundo no es excepción pasar por aflicciones, pero

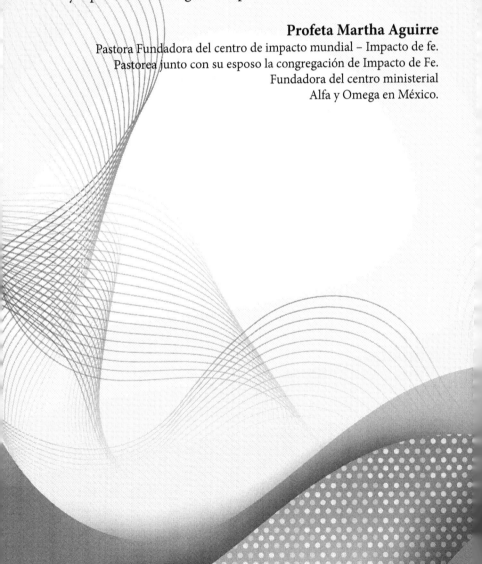

"Confiad" dice el Señor: "Yo he vencido al mundo".

El enemigo odia al hombre porque fuimos hechos a la imagen de Dios y porque fuimos creados para liberar y restaurar todo lo averiado.

Este libro te impulsará a vivir una *Vida, Propósito y Destino sin límites*. Mi oración es que recibas la inspiración necesaria ya que la vida de alguien depende de su entendimiento.

Profeta Martha Aguirre
Pastora Fundadora del centro de impacto mundial – Impacto de fe.
Pastorea junto con su esposo la congregación de Impacto de Fe.
Fundadora del centro ministerial
Alfa y Omega en México.

Parte 1
VIDA

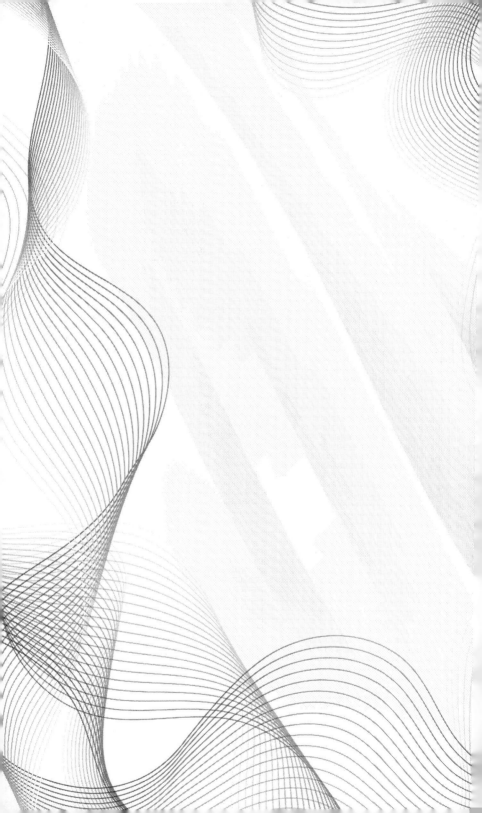

CAPÍTULO 1

LA VIDA ES UN REGALO DE DIOS

Seguramente has escuchado la frase: «Yo no pedí nacer» o «¿Para qué me trajiste a este mundo?», son afirmaciones que podemos fácilmente ubicar en la boca de un adolescente que, en forma de reclamo, dice a sus padres cuando están tratando de corregirlo por alguna decisión o actitud incorrecta, o de llamar su atención por el estilo de vida que ha escogido llevar. Aunque ese joven lo está expresando con una actitud y una perspectiva incorrecta, ¡en realidad ese adolescente tiene razón! ¡Nadie pide nacer! Fue Dios a quien le plació darnos la vida; ¡ni siquiera fue idea de nuestros padres!

Conozco matrimonios que por más que lo desearon, incluso buscando ayuda médica, nunca lograron concebir; así como sé que hay mujeres o parejas que no reaccionaron con alegría al recibir la noticia de que un bebé venía en camino; ya sea porque no lo tenían en sus planes o por la temporada de sus vidas en la que se encontraban; pero debemos entender que finalmente, con nuestra aprobación o sin ella, es Dios quien da la vida.

«Entonces Jehová Dios formó al hombre del polvo de la tierra, y sopló en su nariz aliento de vida, y fue el hombre un ser viviente.» Génesis 2:7 (RV1960).

El hombre fue formado por Dios. No somos resultado de la evolución del mono, según explica la ciencia; somos creación de Dios, según la Palabra de Dios, somos Su obra maestra.

«Pues somos la obra maestra de Dios. Él nos creó de nuevo en Cristo Jesús, a fin de que hagamos las cosas buenas que preparó para nosotros tiempo atrás.» Efesios 2:10 (NTV)

Desde que entiendo que si tengo vida es porque Dios decidió que la tenga, ¡cada día doy gracias a Dios por la vida que me regala!; cada mañana, el abrir mis ojos es una razón más para agradecer; el poder respirar, el tener la oportunidad de ver una vez más a mis seres amados, el poder admirar la creación y todo aquello que en la actualidad puedo disfrutar, son cosas que agradezco profundamente a Dios.

La vida es un regalo que podemos y debemos gozar al máximo, en el entendimiento de que es un regalo del que dispondremos solo por un tiempo, el que Dios decida; y no perder de vista que un día dejará de pertenecernos.

ALGUNOS VIVEN SU VIDA COMO SI FUERA ETERNA

Si bien es cierto, hay una promesa de vida eterna dada para todo aquel que crea en Jesucristo:

«Porque de tal manera amó Dios al mundo, que ha dado a su Hijo unigénito, para que todo aquel que en él cree, no se pierda, mas tenga vida eterna.» Juan 3:16.

Pero ese es un regalo que experimentaremos no física, sino espiritualmente. «Dios cambiará estos cuerpos nuestros, que mueren y se destruyen, por cuerpos que vivirán para siempre y que nunca serán destruidos.» 1 Corintios 15: 53 (TLA)

Vivir conscientes de que así como nuestra vida tuvo un principio, tendrá un fin, nos llevará a valorarla y a hacer lo que esté en nuestras manos para hacer lo mejor que podamos con ella. Entender que nuestra vida aquí en la tierra no durará para siempre, también nos debe llevar a sacar el mejor provecho de ella. Pensar en ser productivos, en aportar algo de nosotros a los que nos rodean, a nuestra sociedad, o por qué no, al mundo. Mientras tengamos vida, debemos pensar en qué vamos a hacer con ella. Por amor de Dios, ¡haz algo con tu vida!

EL REGALO DE LA VIDA

Es común que al recibir un regalo, experimentemos ciertas emociones las cuales nos llevan a reaccionar de cierta forma; así mismo creo que deberíamos reaccionar y actuar ante el regalo de la vida.

Cuando recibimos un regalo...

1) Nos emociona recibirlo

Podría decir que no importa la edad que tengamos, siempre será un motivo de agrado recibir un regalo; pensar qué puede contener en su interior nos provoca una emoción, y de la misma manera deberíamos vivir cada día.

Al abrir los ojos debemos entender que Dios nos está regalando ese día de vida, y con emoción vivirlo como si al transcurrir los minutos y las horas, lo estuviésemos desenvolviendo para ver lo que ese día nos depara.

2) Lo desenvolvemos con expectativa e interés

Seamos honestos, nadie abre un regalo sin expectativa, sin ese sentir de interés por ver lo que contiene; recibir un regalo siempre despierta la curiosidad de qué es lo que ese paquete contiene. Nadie debería vivir un día sin el interés y la expectativa de lo que ese día le va a traer.

Muchas veces hacemos planes o tenemos una agenda, ¡pero finalmente sabemos que solo Dios sabe lo que realmente va a suceder!

«Porque mis ideas no son como las de ustedes, y mi manera de actuar no es como la suya. Así como el cielo está por encima de la tierra, así también mis ideas y mi manera de actuar están por encima de las de ustedes.» El Señor lo afirma.» Isaías 55:8-9

Pon cada día en manos de Dios y vívelo expectante de cómo Él te mostrará momento a momento, su gracia y su misericordia.

3) Lo agradecemos

No importa el tamaño, la apariencia o la razón, cuando alguien nos da un regalo lo menos que podemos hacer es agradecer.

Así como los hijos se acostumbran a que sus padres les provean el alimento, el techo, el vestido, todo lo necesario para vivir y aún más; y viven con la idea de que de alguna manera es *obligación* de sus padres sustentarles, y por lo tanto, no siempre agradecen; así, muchos de nosotros, solemos caer en el error de vivir nuestros días como si fuera la obligación de Dios el darnos ese día para vivirlo y no siempre agradecemos; pero cada mañana, el solo hecho de poder abrir nuestros ojos y darnos cuenta de que podemos respirar, debería de ser una razón suficiente para dar gracias a Dios.

4) Lo valoramos

Claro que sí, recibir un regalo es algo que debemos valorar. Es un símbolo de que significas algo para la persona que te lo dió. El regalo de la vida es algo que debemos valorar.

Valora poder respirar. Mira a tu alrededor y valora poder mirar. Valora poder ver un día más a los que amas, y disfrutar de sus logros y conquistas. Valora tener la oportunidad de ser de bendición para alguien. Valora, valora, valora. Muchos ya no están. Si estás hoy leyendo estas líneas, valora el hecho de poder leerlas, pues aquellos que se han ido, aquellos que han partido, ya no las podrán leer. Valora tener el regalo de la vida en tus manos y haz el mejor uso de ella.

5) Lo disfrutamos

¡Cuánto se disfruta el recibir un regalo! Quizá porque no te costó, porque llegó a tus manos sin ningún esfuerzo o porque era algo que precisamente estabas necesitando, sea cual sea la razón, un regalo se disfruta; ¡así mismo debería ser la vida! Deberíamos disfrutarla al máximo que para eso nos la dió Dios.

«Por eso digo: "¡A pasarla bien!" En esta vida que Dios nos ha dado, lo mejor que podemos hacer es comer, beber y divertirnos. Eso es lo único que nos queda después de mucho trabajar.» Eclesiastés 8:15 (TLA)

«Puesto que Dios nos ha dado una corta vida en este mundo, disfrutemos de cada momento con la mujer amada. ¡Disfrutemos cada día de esta vida sin sentido, pues sólo eso nos queda después de tanto trabajar!» Eclesiastés 9:9 (TLA)

6) Procuramos conservarlo

Nunca he visto a alguien desenvolver un regalo y luego tirarlo a la basura. Al contrario, cuando lo desenvuelves lo pones en un lugar especial. Alguien te lo dió, a alguien le costó. De la misma forma, cada día de nuestra vida debemos estar conscientes de que alguien nos dió la vida: ¡Dios! Si Él te está permitiendo vivir el día de hoy, no lo tires a la basura, no lo deseches. Al contrario, ponlo en un lugar especial, es decir, ¡vive cada día como un día especial!

PARA FINALIZAR

La vida es un regalo que debemos ver como una oportunidad, una oportunidad para cumplir el propósito de Dios en nuestras vidas, para ser mejores personas, para dar de nosotros a los demás, para amar y recibir amor de nuestros seres queridos.

A Dios le plació darte la vida, agradece por ese regalo; Él es quien decide cuándo ha de llegar a su fin.

Cuando escucho que una persona quiere quitarse la vida, creo que es porque no ha entendido, no le ha sido revelado que la vida es un regalo que Dios puso en sus manos y que solo tendrá una oportunidad para disfrutar de ella.

Comienza a ver tu vida como un regalo. Deja de reclamar lo que te ha sido negado, y comienza a disfrutar lo que te ha sido concedido; enfoca tu mirada en lo que tu vida tiene y no en lo que le hace falta.

A partir de hoy vive tus días convencido de que a Dios le ha placido darte vida y lo mejor que puedes hacer es disfrutar de ella.

«Por tanto, celebro la alegría, pues no hay para el hombre nada mejor en esta vida que comer, beber y divertirse, pues solo eso le queda de tanto afanarse en esta vida que Dios le ha dado.» Eclesiastés 8:15

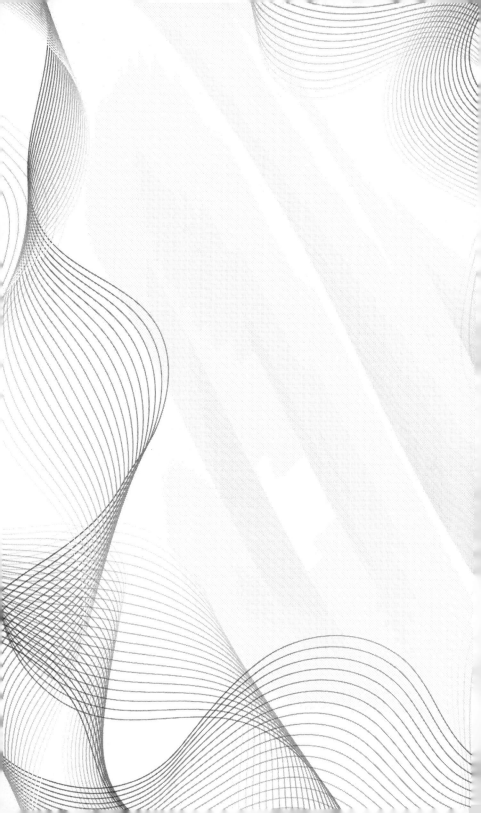

CAPÍTULO 2

UN DÍA A LA VEZ

Si alguna vez te has preguntado cómo deberías estar viviendo , te puedo decir que debes vivir día a día, un día a la vez.

Aquellos que solemos planificar nuestros días, aquellos que solemos manejar una agenda para nuestra vida diaria, tendemos a establecer de alguna manera lo que haremos con nuestros días, semanas, meses y todo el año. Y no sé tú, pero a mí me ha pasado que una vez que he escrito todo lo que, según yo, voy a hacer, sobre todo cuando lo hago muy por adelantado, he tenido la sensación de que ya he vivido todo eso; es como si al plasmarlo en esa agenda, hubiese ya pasado por todos esos planes, actividades y eventos, hasta he expresado al finalizar: «Ya acabé mi año» o «ya llegué hasta el verano», consciente de que todos los demás apenas se encuentran en enero, pero yo —mentalmente al menos— ya *arreglé* el mundo.

Puedo recordarme *juntando* todos esos días en mis manos, con la sensación de haberlos vivido ya. ¡Qué tremendo error! En primer lugar, ni siquiera sé si en realidad esos planes se llevarán a cabo, pues dice la Palabra:

«Porque mis pensamientos no son vuestros pensamientos, ni vuestros caminos mis caminos, dijo Jehová. Como son más altos los cielos que la tierra, así son mis caminos más altos que vuestros caminos, y mis pensamientos más que vuestros pensamientos.» Isaías 55:8-9

Solo Dios sabe si esos planes que hice se realizarán.

Creo que planificar es bueno, ya que nos enfoca en nuestras prioridades y nos permite hacer un mejor uso de nuestro tiempo; pero debemos hacerlo siempre en una total dependencia de Dios, con fe de que Él bendecirá nuestros planes, pero al mismo tiempo esperando que haga su voluntad.

Esto es lo que para mí significa vivir un día a la vez y es así como le pido a Dios me ayude a vivir: proyectándome a ser productiva, desempeñarme en los roles que me toca desempeñar, confiando en que si la mano poderosa de Dios posa sobre mí, lograré mis metas diarias.

DIOS PROSPERARÁ CADA UNO DE TUS DÍAS

Ser prosperado tiene que ver con algo más que dinero.

Doy gracias a Dios que en algún momento de mi vida entendí lo que era la prosperidad. Por mucho tiempo pensé que al hablar del tema, se estaba hablando de una mejora en el área financiera; y sí, ser prosperado significa mejorar en el área de las finanzas y tener abundancia de bienes, pero no solo significa eso. La palabra prosperidad se refiere a que las cosas te salgan bien; algunas definiciones asocian la prosperidad con el éxito o con el curso favorable de las cosas, y creo firmemente que proviene de Dios.

«Todo lo bueno y perfecto que se nos da, viene de arriba, de Dios, que creó los astros del cielo. Dios es siempre el mismo: en él no hay variaciones ni oscurecimientos.» Santiago 1:17 (DHH)

No me cabe la menor duda, si algo bueno tenemos, ha venido de parte de Dios; si algo bueno anhelamos, provendrá de la mano de Dios.

Es por esto que si anhelamos que nuestros planes de cada día sean prosperados, debemos pedir a Dios por esa bendición diaria. Día a día, así como Dios enviaba el maná para alimentar a su pueblo (Éxodo 16:4), así mismo tú puedes esperar la provisión y bendición del cielo.

En el libro de Génesis capítulo 24, vemos cuando Abraham envía a su criado más fiel a buscar esposa para su hijo Isaac; en el versículo 42 el criado dijo estas palabras:

«Llegué, pues, hoy a la fuente, y dije: Jehová, Dios de mi señor Abraham, si tú prosperas ahora mi camino por el cual ando.»

La historia cuenta que el criado pidió a Dios una señal sobre quién sería la mujer para Isaac, y podemos ver cómo Dios prosperó su camino, y logró su cometido.

Génesis 24:56 dice: «Y él les dijo: No me detengáis, ya

que Jehová ha prosperado mi camino; despachadme para que me vaya a mi señor.»

Entender todo esto nos llevará a comprender cómo es que se vive un día a la vez, bajo la mano de Dios prosperando lo que hacemos.

VIVIR UN DÍA A LA VEZ ES VIVIR UN DÍA:

1) LIBRE DE TODO AFÁN Y ANSIEDAD

El afán, la preocupación, la angustia y la ansiedad no deben ser parte de nuestra vida diaria; pero es común que debido al ritmo de vida que llevamos, estemos envueltos en esas cosas, perdiendo de vista que el mañana es incierto y no sabemos lo que traerá.

«Así que, no os afanéis por el día de mañana, porque el día de mañana traerá su afán. Basta a cada día su propio mal.» Lucas 22:34

Hubo una temporada en mi vida en que me vi envuelta en el afán por causa de compromisos laborales que tenía en ese tiempo. Laboraba en diversos planteles educativos en Ciudad Juárez, en donde radicaba; lo cual desde cierta perspectiva se puede considerar una bendición, pues todas eran plazas ofrecidas por el gobierno; eran empleos que ofrecían prestaciones, vacaciones pagadas, etc., pero me tenían viviendo bajo estrés y afán, pues de un trabajo manejaba a otro, y en ocasiones tenía que regresar al primero en el que había estado al iniciar el día.

Todos los días, de lunes a viernes era la misma rutina: correr de un trabajo a otro, laborando por largas jornadas; definitivamente vivía en un afán que no me permitía disfrutar mis días; mi vida solo era trabajo, trabajo y más trabajo. Recuerdo en una ocasión que abrieron una nueva escuela cerca de mi casa; y solo porque estaba a unas cuadras de donde yo vivía, consideré trabajar ahí, ya tenía varios contratos, pero, aparentemente, no me eran suficientes.

Antes de pensar cualquier cosa, permíteme que te explique lo siguiente, una de las razones por las cuales yo trabajaba tanto, era porque mi sueldo no era suficiente para cubrir mis gastos. Dios proveía para mis necesidades porque es bueno y tenía misericordia de mí, pero en la juventud muchas veces no somos lo sabios y buenos administradores que deberíamos ser.

A pesar de que trabajaba tanto, ¡no veía el fruto de mi trabajo! ¡No veía la bendición financiera!

Yo comencé a ser bendecida financieramente cuando permití a Dios entrar en mi vida; hasta que recibí mi llamado a servirle y decidí consagrarme junto con mi familia a Su servicio, y entonces Él entró y puso orden en todas las áreas de mi vida; aun sin trabajar, me encontraba mejor económicamente que cuando trabajaba tanto; sin trabajar, me dedicaba a servirlo y tenía acceso a más cosas que cuando trabajaba y sin estrés.

Con Dios como prioridad, las cosas comenzaron a alinearse a Su voluntad, y entendí que Él es mi proveedor, y que no necesitamos afanarnos por trabajar demasiado, propiciando que el trabajo o la empresa ocupen su lugar.

2) EN UNA TOTAL DEPENDENCIA DE DIOS

«Fíate de Jehová de todo tu corazón, y no te apoyes en tu propia prudencia. Reconócelo en todos tus caminos, Y él enderezará tus veredas.» Proverbios 3:5-6

¡No hay nada mejor que vivir un día en total dependencia de Dios! Entrégale tus planes cada mañana, confía en Él y reconócelo en todos tus caminos.

La versión Dios habla hoy dice: «Ten presente al Señor en todo lo que hagas y él te llevará por el camino recto.»

3) DEJANDO NUESTRA AGENDA EN MANOS DE DIOS.

«Si Jehová no edificare la casa, en vano trabajan los que la edifican; si Jehová no guardare la ciudad, en vano vela la guardia.» Salmos 127:1

Es Dios quien edifica, es Dios quien construye, por más que tú te esfuerces cada día, si no es Él quien edifica, ¡inútilmente te esfuerzas!

Vivir un día a la vez implica entregarle sinceramente tus planes a Dios. Muchas veces decimos haberle cedido nuestra voluntad, hasta oramos: «Hágase tu voluntad», pero nos levantamos cada día decididos a alcanzar nuestros planes en nuestras propias fuerzas.

No permitas que se te vaya la vida con la mirada en el horizonte, mirando a lo lejos aquello que es inalcanzable; baja tu mirada, enfoca tu vista hacia lo que tienes frente a ti, que es ese nuevo día que Dios te regala; recuerda que no tienes la facultad de ir más allá de donde tus limitaciones físicas y humanas te permitan llegar, de ahí que surge aquella famosa frase: Tú haces lo tuyo y Dios hace el resto.

Creo en los planes inmediatos y en los planes a futuro, sé que Dios desea hacer algo en tu vida hoy, y sé que tiene planes también a largo plazo para ti.

4) Respirando el aliento de Dios

La verdad es que no solo necesitamos del aire que inhalamos para vivir cada día: necesitamos también del aliento de Dios. Del aliento de Dios se dio la creación. Respirar el aliento de Dios cada mañana dará vida a tus días.

«Por la palabra de Jehová fueron hechos los cielos, Y todo el ejército de ellos por el aliento de su boca.» Salmos 33:6

De Él proviene el aliento que necesitamos; más que aire, es ese ánimo, esa valentía, ese valor que necesitamos para vivir cada día.

«Esforzaos todos vosotros los que esperáis en Jehová, y tome aliento vuestro corazón.» Salmos 31:24

5) Respira calma

La palabra 'respira' también es usada como una expresión cuando queremos decir: calma, tranquilo, etc.

Vivir un día a la vez es respirar cada día, es no dar de más importancia a las cosas y respirar antes de tomar una decisión. Vivir un día a la vez es llenarnos del aliento de Dios, es acercarnos a Él para que nos llene, nos fortalezca y nos empodere con su aliento. Para recibir el aliento de Dios tienes que acercarte lo suficiente como para que alcances a respirar su aliento; acércate a Dios para que Él te ayude y te enseñe a vivir un día a la vez.

6) Vive cada día como si fuera el último

¿Alguna vez te has preguntado qué harías si supieras que estás viviendo tu último día? ¿Buscarías a alguna persona? ¿Perdonarías? ¿Viajarías a algún lugar?

Es muy posible que no tengas una respuesta porque en realidad no crees que vaya a suceder.

Pero quiero animarte a tomarte un tiempo para reflexionar y velar por las palabras que dirías y las acciones que harías si supieras que hoy fuera tu último día. Seguramente te convertirías en una mejor persona; dejarías de perder el tiempo en vanidades y en lo que no vale la pena.

PARA FINALIZAR

La Biblia dice que no debemos preocuparnos por qué comeremos o qué vestiremos, ni hoy, ni mañana. Vivir un día a la vez es tomar la decisión de creer que cada día podemos creerle a Dios por nuevas misericordias, que cada día, Él nos proveerá lo necesario para vivir y que guardará nuestro entrar y nuestro salir; y al día siguiente lo hará de nuevo.

«¡El fiel amor del Señor nunca se acaba! Sus misericordias jamás terminan. Grande es su fidelidad; sus misericordias son nuevas cada mañana.» Lamentaciones 3:22-23 (NTV)

«No os afanéis, pues, diciendo: ¿Qué comeremos, o qué beberemos, o qué vestiremos?» Mateo 6:31

«Mas buscad primeramente el reino de Dios y su justicia, y todas estas cosas os serán añadidas.» Mateo 6:33

«Jehová guardará tu salida y tu entrada Desde ahora y para siempre.» Salmos 121:8

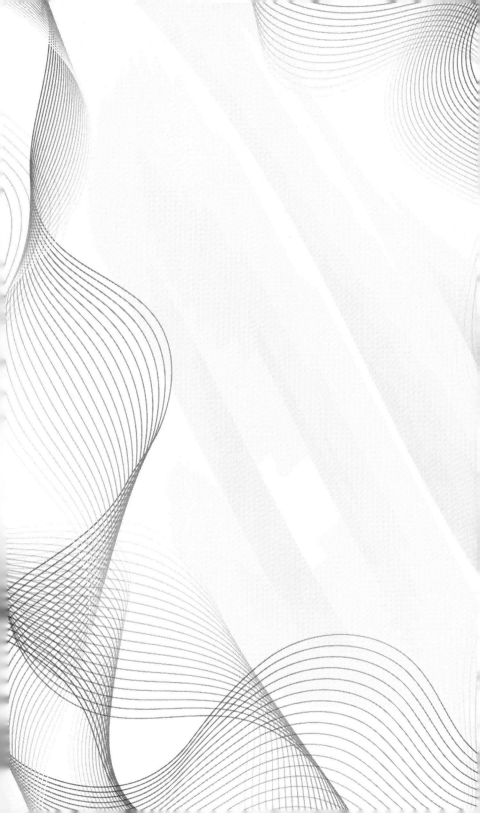

CAPÍTULO 3

CONTRA CORRIENTE

Hay ocasiones que nos tocará caminar contra corriente. A lo largo de tu vida te verás —y de seguro te has visto ya— en la necesidad de vencer diferentes tipos de oposición y has tenido que luchar. La vida es así. En ocasiones es sencillo avanzar; pero por momentos sentiremos una fuerza de oposición que tenemos que empujar o derribar para poder seguir avanzando.

Dios diseñó la vida de esta manera: no todo siempre estará a favor; pero puedes tener la confianza de que siempre lograrás lo que te propongas si te aseguras de tener una buena actitud y de agarrarte de la mano de Dios.

Sean proyectos a corto plazo, proyectos a largo plazo; proyectos importantes o no tan importantes; proyectos que te demanden tiempo, dinero y esfuerzo, o proyectos que no demanden tanto de ti; no sabes cómo se te presentará el camino y las circunstancias, pero si estás tomado de la mano de Dios, podrás atravesar lo que sea. Cuando quieres comenzar tu propia empresa, cuando quieres casarte o quieres comenzar a servir a Dios, en muchas ocasiones, tendrás que ir contra la corriente.

Recuerdo cuando estaba tramitando mi ciudadanía

americana; sabía que era algo que Dios me estaba concediendo, pero aún así me tocó nadar contra la corriente. Por un lado, hubo un retraso de casi un año por la cuarentena a la que tuvimos que someternos por la presencia de la COVID-19; esa misma circunstancia provocó que mi cita para que tomaran mis huellas se retrasara, pues ordenaron cerrar todos los lugares públicos precisamente un día antes. Aunque posteriormente me notificaron que usarían las mismas huellas que fueron tomadas para mi residencia, tuve otros retrasos: nunca recibí la carta que debe llegar por correo regular, en la que me notificaban la fecha de mi entrevista.

Por un comentario de un familiar, supe que había una parte en la página web de migración donde verificar la información actualizada de mi caso, de hecho, lo había estado haciendo, pero no estaba llegando hasta el lugar donde podía encontrar esa información; en fin, para no hacer más larga esta historia, me enteré pocos días antes de cuál era la fecha para mi entrevista. ¡Gracias a Dios que había estado estudiando y preparándome! ¡Fue un tiempo en el que tuve que ir contra la corriente para lograr conquistar mi ciudadanía americana!

Son situaciones que de momento no son agradables; quisieras que las cosas fueran diferentes, pero, en fin, suceden; y cuando suceden, no nos toca más que limpiarnos las lágrimas, arreglarnos el cabello y seguir adelante. Dios estableció en Su Palabra que Él extiende su mano para rescatarnos, defendernos y quitar la oposición de nuestro camino.

«Dios es nuestro amparo y fortaleza, Nuestro pronto auxilio en las tribulaciones.» Salmos 46:1

«De manera que podemos decir confiadamente: El Señor

es mi ayudador; no temeré lo que me pueda hacer el hombre.» Hebreos 13:6

Las contrariedades son permitidas por Dios con diversos propósitos...

1) Para desarrollar nuestra fe

Si nunca pasamos momentos de lucha o nunca hay nada qué vencer para conquistar algo en nuestras vidas, no sabremos nunca lo que es aplicar la fe.

«Tener fe es tener la plena seguridad de recibir lo que se espera; es estar convencidos de la realidad de cosas que no vemos.» Hebreos 11:1 (DHH)

Dios desea que aprendamos a creer aun sin que hayamos visto con nuestros ojos físicos lo que estamos esperando ver o recibir.

Cuando las circunstancias están a nuestro favor, no necesitamos fe, estamos viendo lo que deseamos ver; pero cuando las cosas se ponen en contra, cuando no podemos avanzar, cuando no logramos concretar ese proyecto, cuando no vemos que la puerta que necesitamos abierta se abre, es cuando necesitamos fe para creer que va a suceder.

Muchas veces Dios permite toda esa adversidad para probar nuestra fe.

«Porque la fe de ustedes es como el oro: su calidad debe ser probada por medio del fuego. La fe que resiste la prueba vale mucho más que el oro, el cual se puede destruir. De manera que la fe de ustedes, al ser así probada, merecerá aprobación, gloria y honor cuando Jesucristo aparezca.» 1 Pedro 1:7 (DHH).

2) Para desarrollar nuestra paciencia

¡Es común encontrarnos en situaciones en donde necesitamos una respuesta inmediata! Vivimos en un ritmo en el que no nos podemos dar el lujo de esperar; pero imagínese nada más que al leer la Palabra de Dios, encontramos que uno de los frutos de tener la presencia de Dios en nuestras vidas, ¡es la paciencia!

«Mas el fruto del Espíritu es amor, gozo, paz, paciencia, benignidad, bondad, fe.» Gálatas 5:22

En otras palabras, cuando las cosas no se dan o cuando no se manifiestan, puede ser un tiempo que Dios está permitiendo para desarrollar tu paciencia. Hay que aprender a esperar confiando en Dios.

«A fin de que no os hagáis perezosos, sino imitadores de aquellos que por la fe y la paciencia heredan las promesas.» Hebreos 6:12

3) Para que aprendamos a vencer el temor

Si nunca tenemos contrariedades o circunstancias que nos causen temor, nunca aprenderemos a vencer el temor.

Hay promesas en la Palabra de Dios de que aunque se levanten enemigos en contra nuestra, o aunque hablen mal de nosotros para condenarnos, acusarnos o enjuiciarnos, todo eso, no prosperará.

«Ninguna arma forjada contra ti prosperará, y condenarás toda lengua que se levante contra ti en juicio. Esta es la herencia de los siervos de Jehová, y su salvación de mí vendrá, dijo Jehová.» Isaías 54:17

Dios desea que caminemos libres de todo temor.

Para caminar en contra de la corriente, necesitamos esforzarnos, vencer el temor y seguir adelante, sabiendo que hay un Dios que nos ama y nos acompaña por la vida.

«Esforzaos y cobrad ánimo; no temáis, ni tengáis miedo de ellos, porque Jehová tu Dios es el que va contigo; no te dejará, ni te desamparará.» Deuteronomio 31:6

4) Para fortalecernos

Caminar contra la corriente nos fortalece. Me viene a la mente esa sección que hay en algunas albercas, son espacios que tienen una corriente de agua en donde las personas caminan para ejercitarse; uno de los propósitos es fortalecer los músculos de las piernas. Caminar ahí requiere más esfuerzo del que se requiere para caminar en agua sin movimiento o fuera del agua; pero después de que lo haces por un tiempo considerable, comienzas a sentir el beneficio de ese ejercicio y tienes piernas más fuertes.

De la misma manera sucede en nuestras vidas. Si a pesar de que caminamos en contra de la corriente, es decir, en contra de adversidades, oposición o problemas; seguimos y seguimos pese a todo eso; nos daremos cuenta, para la siguiente situación que se nos presente, ¡que estamos más fuertes! ¡Podremos caminar con más facilidad! ¡Ya no sentimos que esa corriente nos detiene! ¡Somos más fuertes!

Es similar a caminar en la playa en contra de las olas, después que lo haces por algún tiempo, adquieres mayor fuerza en tus piernas y puedes dar pasos más firmes, y con mayor rapidez. Hay una frase famosa que dijo el filósofo alemán Friedrich Nietzsche: «Lo que no me mata me hace más fuerte»; afirma que la relación causal entre el fracaso en el pasado y el éxito en el futuro existe. *

Sigue caminando, fortalécete para lo que sigue; ¡te aseguro que cada vez será más fácil y mejor! Tu fe se fortalece en medio de cada prueba. Finalmente, Dios dispone todas las cosas para el bien de quienes lo aman:

«Y sabemos que a los que aman a Dios, todas las cosas les ayudan a bien, esto es, a los que conforme a su propósito son llamados.» Romanos 8:28

CAMINÉ CONTRA LA CORRIENTE

Recuerdo diferentes etapas de mi vida donde enfrenté el temor y todo tipo de oposición. Por ejemplo:

• Cuando comencé mis estudios en la ciudad de Chihuahua, siendo yo de Ciudad Juárez, me enfrenté al temor de vivir por primera vez, separada de mis padres, en una ciudad desconocida para mí y pasando a un estatus de total independencia; enfrentarme a todo eso, fue para mí caminar contra la corriente para lograr desarrollarme en una carrera profesional.

• Cuando llegué junto con mi familia a Estados Unidos, y luché contra el temor a no saber cómo integrarnos en una sociedad totalmente distinta a la nuestra, con un idioma diferente, con costumbres diferentes.

• Qué mejor ejemplo de enfrentar oposición, de tener que ir contra la corriente y de vencer el temor, que el proyecto de escribir este libro. Solo para tomar la decisión de comenzar, pasaron años; después de dar el primer paso pasaron otros meses; tuve que enfrentarme a la oposición que se levantaba en mis pensamientos, por la inseguridad o el temor a no ser bien recibida. Posteriormente el encontrar el camino de cómo hacerlo, también para ello hubo que ir contra la corriente; en fin, cuestiones financieras y a veces la oposición se me presentaba a través de una mala señal de internet o de una computadora *congelada* que no me dejaba avanzar. Me tocó enfrentar de todo; pero le doy gracias a Dios que si hoy estás leyendo estas palabras es que por su gracia y su fidelidad, vencimos.

«Tú me proteges y me salvas, me sostienes con tu mano derecha; tu bondad me ha hecho prosperar. Has hecho fácil mi camino, y mis pies no han resbalado.» Salmos 18:35-36

PARA FINALIZAR

Te animo, ¡no te detengas, sigue adelante! Sigue conquistando tus metas. Sigue alcanzando tus sueños. Sigue caminando hacia el cumplimiento de tu destino. ¡Dios está contigo para ayudarte a vencer!

Piensa en un excursionista que se encuentra en medio de un bosque: tiene que hacer a un lado o literalmente cortar toda esa maleza que le impida avanzar; de la misma manera, hoy te animo que tomes la espada de la Palabra de Dios, y siguiendo sus principios y apegándote a sus mandamientos, fortalécete para que logres, cuando se requiera, ir contra la corriente.

«Porque la palabra de Dios es viva y eficaz, y más cortante que toda espada de dos filos; y penetra hasta partir el alma y el espíritu, las coyunturas y los tuétanos, y discierne los pensamientos y las intenciones del corazón.» Hebreos 4:12

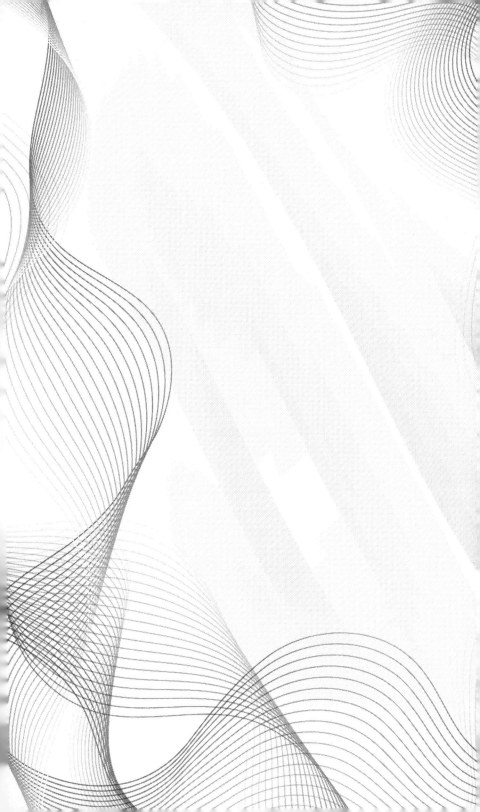

CAPÍTULO 4

CON EL FAVOR DE DIOS

Cada noche al acostarnos, no sabemos lo que cada día nos depara, nos levantamos con la confianza de que podremos llevar a cabo aquello que planeamos; ¡pero muchas veces estamos muy equivocados!

Yo lo he podido comprobar en mi persona.

Como mencioné anteriormente, me gusta planear, suelo planificar mis días, me gusta organizarme para sacar el mejor provecho de ellos, y he experimentado muchas veces, el hacer planes para el día siguiente y darme cuenta al vivir ese día, que si Dios no lo hace, que si a Él no le place el acomodar las cosas a mi favor, abrirme puertas, allanar el camino o simplemente, darme la fuerza física y la salud que necesito para llevar a cabo mis planes, si Él no lo hace, no sucederá.

Alcanzaremos nuestras metas, conquistaremos nuestros sueños y lograremos realizar nuestros proyectos, solamente con el favor de Dios.

«El discípulo que se mantiene unido a mí, y con quien yo me mantengo unido, es como una rama que da mucho fruto; pero si uno de ustedes se separa de mí, no podrá hacer nada.» Juan 15:4 (TLA)

Seguramente que te gustaría caminar todos los días de tu vida con el favor de Dios manifestándose en todo lo que emprendas; y por ello debes asegurarte de mantenerte unido a Él.

Alguna vez visualicé cómo Dios dirige su mirada, extiende su mano y nos cubre con su favor; imaginé y por visualizarlo de alguna manera, comparé con una antena parabólica que al sintonizarse con sus hijos cada mañana, cuando sus hijos se levantan y miran al cielo y claman, Dios envía la señal y recibimos su favor.

Por eso debes asegurarte de sintonizarte con el cielo cada mañana y caminar tu día dependiendo de Dios, buscando hacer Su voluntad antes que la tuya.

VIVE CADA DÍA EN TOTAL DEPENDENCIA DE DIOS

¡Dios te ha dado la vida y su plan es que la disfrutes! ¡Dios quiere que seas feliz!

Si quieres vivir cada día de tu vida y caminar con el favor de Dios activado hacia todo lo que hagas, asegúrate de que Dios sea real en tu vida. Cuando hablo de que Dios sea real en tu vida, no me refiero a que asistas a la iglesia, ni tampoco a que te involucres en ministerios y en todas las actividades de tu congregación local; todo esto por supuesto que es necesario, es parte de vivir una vida cristiana, ¡pero esto no significa necesariamente que Dios esté siendo real en tu vida! Suena fuerte, ¡lo sé!, pero quizás estas palabras te lleven a reflexionar.

Dice la Palabra en Proverbios 8:35:

«Porque el que me halle, hallará la vida, y alcanzará el favor de Jehová.»

TIENES QUE ASEGURARTE DE QUE DIOS ESTÁ EN TU VIDA, PORQUE CUANDO DIOS ES REAL EN TU VIDA, SU FAVOR SE MANIFIESTA DE DIVERSAS FORMAS:

1) BENDICIÓN

Buenas cosas.

«Yo sé los planes que tengo para ustedes, planes para su bienestar y no para su mal, a fin de darles un futuro lleno de esperanza. Yo, el Señor, lo afirmo.» Jeremías 29:11

La obediencia, camino a la bendición

«Si obedeces al Señor tu Dios en todo y cumples cuidadosamente sus mandatos que te entrego hoy, el Señor tu Dios te pondrá por encima de todas las demás naciones del mundo. Si obedeces al Señor tu Dios, recibirás las siguientes bendiciones: Tus ciudades y tus campos serán benditos. Tus hijos y tus cosechas serán benditos. Las crías de tus rebaños y manadas serán benditas. Tus canastas de fruta y tus paneras serán benditas. Vayas donde vayas y en todo lo que hagas, serás bendito. El Señor vencerá a tus enemigos cuando te ataquen. ¡Saldrán a atacarte de una sola dirección, pero se dispersarán por siete! El Señor te asegurará bendición en todo lo que hagas y llenará tus depósitos con granos. El Señor tu Dios te bendecirá en la tierra que te da. Si obedeces los mandatos del Señor tu Dios y andas en sus caminos, el Señor te confirmará como su pueblo santo, tal como juró que haría. Entonces todas las naciones del mundo verán que eres el pueblo elegido por el Señor y quedarán asombradas ante ti. El Señor te dará prosperidad en la tierra que les juró a tus antepasados que te daría, te bendecirá con muchos hijos, gran cantidad de animales y cosechas abundantes.

El Señor enviará lluvias en el tiempo oportuno desde su inagotable tesoro en los cielos y bendecirá todo tu trabajo. Tú prestarás a muchas naciones pero jamás tendrás necesidad de pedirles prestado. Si escuchas los mandatos del Señor tu Dios que te entrego hoy y los obedeces cuidadosamente, el Señor te pondrá a la cabeza y no en la cola, y siempre estarás en la cima, nunca por debajo. No te apartes de ninguno de los mandatos que te entrego hoy, ni sigas a otros dioses ni les rindas culto.» Deuteronomio 28:1-14

Asegúrate de tener una verdadera relación con Dios, no una religión; una relación en donde caminas con Él, le conoces y le obedeces, y recibirás un sin número de bendiciones en todas las áreas, según nos promete Su Palabra; pero no solo te bendecirá a ti, sino que atraerás la bendición para tu descendencia.

«Conoce, pues, que Jehová tu Dios es Dios, Dios fiel, que guarda el pacto y la misericordia a los que le aman y guardan sus mandamientos, hasta mil generaciones.» Deuteronomio 7:9

Esta es una de las promesas más maravillosas que he podido leer en la Palabra de Dios. El saber que en mí está el que mis generaciones sean benditas; el saber que si yo me aseguro de amarlo y de obedecer sus mandamientos bendecirá a mis generaciones descendientes, pero no solo una, o dos, sino hasta mil generaciones. Comprendí que no estaré para ver la bendición que Dios derramará sobre todas mis generaciones, pero la puedo ver ahora en dos de ellas representadas por mis hijos y mis nietos. ¡Gloria a Dios!

2) COBERTURA DIVINA

A veces la vida puede parecer un campo minado. De pronto podemos encontrarnos frente a peligros o tentaciones, que si las pisamos... ¡bum! Puede explosionar y hacernos daño. Por eso tenemos que tener mucho cuidado por dónde vamos, qué hacemos y qué decisiones tomamos, para evitar equivocarnos y tener que afrontar situaciones adversas y consecuencias. Cuando tienes a Dios en tu vida, Él te guía, te advierte del peligro y te muestra el camino que debes seguir.

El saber que pueden venir adversidades o problemas no significa que debes vivir en temor, porque cuando Dios es real en tu vida, cuando cuentas con su favor, ¡Él te cuida!

«Pero fiel es el Señor, que os afirmará y guardará del mal.» 2 Tesalonicenses 3:3

Tienes que estar alerta, pues el diablo está buscando devorarte.
«Sed sobrios, y velad; porque vuestro adversario el diablo, como león rugiente, anda alrededor buscando a quien devorar.» 1 Pedro 5:8

La misma Biblia nos advierte que el diablo viene para hurtar, matar y destruir.

«El ladrón no viene sino para hurtar y matar y destruir; yo he venido para que tengan vida, y para que la tengan en abundancia.» Juan 10:10

Lo mejor de todo es que nuestro guardador no duerme.

«He aquí, no se adormecerá ni dormirá El que guarda a Israel. Jehová es tu guardador; Jehová es tu sombra a tu mano derecha.» Salmos 121:4-5

¿CÓMO PUEDO HACER PARA QUE DIOS SEA REAL EN MI VIDA?

1) RECIBE A JESÚS EN TU CORAZÓN.
Ábrele tu corazón, si aún no lo has hecho, y conviértelo en Señor de tu vida.

2) COMIENZA A CAMINAR POR SU CAMINO A TRAVÉS DE ESCUDRIÑAR Y OBEDECER SU PALABRA.
No se trata solo de leer, conocer o saber de memoria la Palabra de Dios, se trata de obedecerla.

3) TEN TEMOR DE DIOS.
No significa vivir pensando que Dios es un Dios malo. ¡Es que tener temor de fallarle! Es que amarlo tanto que no quieres ofenderle. Tener temor de Dios, es tener temor de desobedecer Su Palabra.

PARA FINALIZAR

Que la frase: «Con el favor de Dios», sea algo más que palabras que decimos sin conciencia. Seamos entendidos de que si el favor de Dios no posa sobre nosotros, las cosas no sucederán; y vivamos cada día con el favor de Dios.

«¡Vamos ahora! los que decís: Hoy y mañana iremos a tal ciudad, y estaremos allá un año, y traficaremos, y ganaremos; cuando no sabéis lo que será mañana. Porque ¿qué es vuestra vida? Ciertamente es neblina que se aparece por un poco de tiempo, y luego se desvanece. En lugar de lo cual deberíais decir: Si el Señor quiere, viviremos y haremos esto o aquello.» Santiago 4:13-15

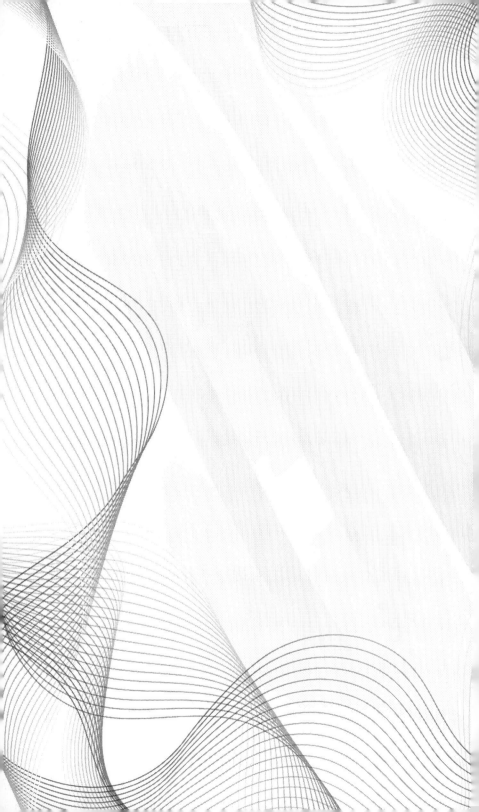

CAPÍTULO 5

DÉJALO IR

No podía faltar en un libro sobre la vida, un capítulo dedicado a lo importante que es aprender a dejar ir. Dicho de otra manera, a soltar, a darle vuelta a la pagina, a dejar atrás; esto se aplica a cosas, personas y experiencias, que sin darnos cuenta, podamos venir arrastrado.

No hay nada que estorbe más en la vida de una persona, que el no saber soltar las cosas que se tienen que dejar ir. En lo personal fui una persona que lidió bastante con estas batallas. No me resultaba fácil soltar, era como si me quedara atrapada en la experiencia dolorosa que vivía con dolor, frustración y desilusión.

A algunos nos pasa cuando cometemos errores: nos cuesta dejarlo ir; cuando esto pasa, es casi imposible enfocarse en dar el paso que sigue para continuar con nuestras vidas. Es como si nos quedáramos estancados en esa situación; todos nuestros sentidos se enfocan en ello y dejamos de avanzar.

Al menos es lo que pude experimentar, pensar en aquello que hice mal ocupaba mis pensamientos, mi tiempo y me mantenía desenfocada. Creo que el problema no está en equivocarse o en cometer un error, el problema está en que una vez que lo has cometido, debes aprender a perdonarte, a darle vuelta a esa página y a continuar adelante. Si hay algo que recordar de la experiencia, es cómo hacerlo mejor para la siguiente vez, en qué tienes que enfocar tus pensamientos y tu energía, y en cómo superarlo. y finalmente soltarlo para poder continuar adelante.

Ciertamente debemos reflexionar en lo que nos pasa para aprender de esa situación; meditar y analizar y si hay algo que reparar; y una vez que ya analizamos, hay que separar lo bueno y lo malo, pedir perdón —si hay que pedirlo—, restaurar ¡y dejarlo ir!

DEBEMOS APRENDER A SOLTAR EL PASADO

El pasado es como un costal de recuerdos que acumulamos a través de nuestra vida, en él guardamos los buenos y malos recuerdos; pero debemos aprender a cuidar que no esté lleno con experiencias no favorables; si está lleno de malos recuerdos, de fracasos, de traiciones y de tristezas, si ahí guardas burlas, desprecios, rechazos y humillaciones, ese costal se va a tornar muy pesado y no vas a poder seguir adelante. Tú tienes la capacidad de dejar tus experiencias negativas en el pasado y dar pasos hacia adelante. Hay cosas que tienes que perdonar para que queden atrás, cuando no perdonas las tienes presentes, y eso no te deja disfrutar tu vida.

Tenemos que aprender a perdonar y a perdonarnos a nosotros mismos, entender que no somos perfectos, nadie lo es, y dejar ir la situación al punto de que no nos afecte ni nos estorbe para poder continuar. Asegúrate de retener solo lo bueno; lo malo tiene que ser superado.

Pablo decía:
«Hermanos, yo mismo no pretendo haberlo ya alcanzado; pero una cosa hago: olvidando ciertamente lo que queda atrás, y extendiéndome a lo que está delante, prosigo a la meta, al premio del supremo llamamiento de Dios en Cristo Jesús.» Filipenses 3:13-14

DEBEMOS APRENDER A SOLTAR A LAS PERSONAS

Esto puede ser necesario por diversas razones, las tres más comunes son:
- Cuando una persona a la que amamos parte de este mundo.
- Cuando una persona que ha sido parte de nuestra vida y por alguna circunstancia, deja de serlo.
- Cuando alguien nos ofende.

En todos los casos, tienes que dejarlos ir.

APRENDE A SOLTAR..

1) Aquellos que partieron a la eternidad

Creo que el dolor que sentimos cuando un ser amado parte de este mundo es muy difícil de describir, pero voy a intentar hacerlo en las siguientes líneas.

Todo comienza cuando recibes la noticia. Es como si te salieras de ti, es como si sintieras que no estás en la realidad, no quieres oír esas palabras, pero las estás escuchando, ¡y sabes que es real! Sientes que el estómago se te revuelve, como si quisieras vomitar; las piernas se te doblan, como si pudieras caer en cualquier momento; tu ojos se inundan de lágrimas inevitablemente y necesitas que alguien te sostenga. Al principio parece que no lo vas a poder soportar, al principio parece que no vas a lograr pasar ese momento, que tú también vas a quedar ahí.

Gracias a Dios que podemos confiar que Él nos sostiene, que Su misericordia nos acompaña y que Él promete darnos fuerzas.

Finalmente, cuando ese ser querido es llevado, debemos dejarlo ir. No estoy diciendo que lo olvides, si fue parte de tu vida, ¡jamás lo olvidarás! Si fue alguien a quien amaste, siempre lo recordarás, pero debe ser con gozo y alegría por lo que el pudo hacer en vida y por lo representó para ti.

2) Aquellos que se alejaron de ti

No solamente la muerte puede alejar a una persona de tu vida: el divorcio, el pleito, la contienda, los celos, la envidia o simplemente cuando las vidas toman rumbos distintos y aquellos que iban caminando juntos, terminan separándose.

Este tipo de separación también puede ser muy difícil y dolorosa; aunque el dolor es distinto porque aquí pudo ser la falta de disposición de la persona de querer seguir a tu lado, o uno de los dos no luchó lo suficiente por seguir juntos entre otras diversas causas, pero si esa persona se fue de tu vida, tienes que soltarlo. Sea un amigo, sea un pariente, sea un esposo o esposa, si se ha ido, tienes que dejarlo ir. En este caso, existe la posibilidad de que un día regrese, de que un día vuelva a buscarte y puedan reanudar su relación, pero mientras eso no suceda, ¡suéltalo!

Cuando lo recuerdes, ora por esa persona, bendícela, porque es lo que Dios nos manda, aunque las cosas no hayan terminado bien. Pero no te aferres a una persona que no será mas parte de tu vida.

«Dios le dijo a Samuel: —¿Hasta cuándo vas a estar triste por Saúl? Yo lo he rechazado, así que ya no será rey. Mejor ve a Belén, donde vive Jesé. Ya he elegido a uno de sus hijos para que sea rey de Israel. Lleva aceite contigo y derrámaselo en la cabeza como símbolo de mi elección.» 1 Samuel 16:1a (TLA)

Otra versión dice: «¿Hasta cuándo llorarás …?» En otras palabras, lo perdiste, se fue, levántate y sigue tu camino, sigue adelante en la búsqueda del cumplimiento de tu propósito.

3) Aquellos que te ofendieron

A todos nos va a tocar en algún momento ser víctimas de la ofensa, la traición o el engaño. Esto es algo que Dios permite en nuestras vidas por muchas razones, creo que principalmente porque tenemos que aprender que no hay nadie perfecto, que como dice la Escritura en Santiago 3:2: «Porque todos ofendemos muchas veces. Si alguno no ofende en palabra, este es varón perfecto, capaz también de refrenar todo el cuerpo.»

Así como a ti te pueden ofender, tú también puedes ofender; y no solo una, muchas veces. Y así como a ti te gustaría que te perdonen cuando lastimas a alguien, también debes aprender a perdonar a aquellos que te ofendieron o traicionaron.

Muchas personas cometen el error de no soltar a aquella persona que les hizo daño, a aquella persona que, desde su perspectiva, les falló. Quizá no en todos los casos se tenga que dejar ir a la persona, en muchos, cuando la relación con esa persona pueda continuar, lo que hay que soltar es lo que sucedió; el perdón es el camino. Pero si la persona ya no continuará en relación contigo, debes perdonar o soltar, de lo contrario, te mantendrás atado a esa persona, a ese dolor, a esa experiencia. Si este fuera tu caso, hoy te animo, suelta, perdona, olvida. Serás libre tú y harás libre a esa persona.

TUVE QUE APRENDER

Como muchas personas, tuve experiencias que en su momento me afectaron en demasía; experiencias sentimentales que tuve que dejar ir. Fracasos en el área profesional que te llevan a pensar en esa famosa frase de «trágame, tierra»; equivocaciones, malas decisiones, seleccionar la peor opción de todas, el no meditar bien las cosas, el actuar sin sabiduría, en fin, un sinnúmero de ejemplos que pudiera poner de cosas que si no tomamos la decisión de soltar, nos pueden amargar la vida para siempre.

Si podemos aprender de los errores que cometemos, entonces significa que no es tan malo equivocarse. Muchos que ahora son grandes, lo son porque se dieron permiso de equivocarse muchas veces antes de lograr lo que lograron.

El hombre falló muchas veces en su intento de llegar a la Luna. Imagínate si en la NASA y todos los científicos que trabajaban en ello, se hubieran quedado en el lamento y la frustración por su fracaso, en vez de analizar lo que falló y comenzar de nuevo partiendo de sus errores.

Yo creo que inmediatamente pusieron manos a la obra, llamaron al equipo especializado y comenzaron a trabajar de nuevo. Una vez tras otra, hasta que lograron llegar a la Luna.

PARA LAS PERSONAS DE FE

Para los que caminamos en la fe y creemos en lo que la Palabra de Dios dice, o mejor aún, intentamos regirnos por ella, hay una gran cantidad de principios y aseveraciones acerca de las equivocaciones y los errores.

Uno de ellos, el favorito de los cristianos cuando algo no sale bien, sería Romanos 8:28 que dice lo siguiente: «Y sabemos que a los que aman a Dios, todas las cosas les ayudan a bien, esto es, a los que conforme a su propósito son llamados.»

En otras palabras, ¿te equivocaste?, ¿algo no salió bien?, ¿tu inversión se ha perdido? ¡Dios sacará algo bueno de ahí!!

La versión Nueva Traducción Viviente lo dice de la siguiente forma: «Y sabemos que Dios hace que todas las cosas cooperen para el bien de quienes lo aman y son llamados según el propósito que él tiene para ellos.»

Dios va a hacer que tus errores, equivocaciones y cualquier situación o circunstancia se pongan a tu favor. ¿No es esto maravilloso? Este puede ser el momento, no dejes que pase más tiempo y sigas estancado en las mismas cosas. ¡Hoy es el momento de soltar y dejar ir!

La Biblia dice también en Proverbios 24:15-16: «No tiendas trampas al hombre honrado ni destruyas la casa donde vive. No importa cuántas veces caiga, siempre se levantará. En cambio, el malvado cae y no vuelve a levantarse.»

La Biblia dice que no importa cuanto caiga el hombre justo y honrado, ¡siempre se levantará! Así que ¿por qué no tomarnos de esta promesa y continuar nuestro camino con fe y con expectativa? Habrá muchas cosas que aún, no vas a lograr, pero tienes que aprender a soltarlas. No te quedes aferrado a aquella piedra que te hizo tropezar y terminaste lastimado. ¡Levántate y sigue adelante!

Algo que he aprendido de *soltar*, es que no soltamos a la deriva, es decir, soltamos en las manos de Dios.

Se trate de una persona, de una situación o de una equivocación, lo ponemos en las mejores manos, en las de Dios y entonces, ¡lo dejamos ir!

A aquel que te ofendió, debes dejarlo ir para que no vivas atado a él por la falta de perdón. A aquel que te traicionó, debes dejarlo ir para que no desarrolles el deseo de venganza. A aquel que te robó, debes perdonarle la deuda, para que no atraigas a tu vida una maldición innecesaria; el dinero va y viene, no vale la pena vivir atado a aquella pérdida financiera que seguramente no recuperarás.

PARA FINALIZAR

Si algo has de llevar cargando en tu costal de recuerdos, asegúrate de que sean los buenos recuerdos, aquellas cosas que al recordarlas te proporcionan una sensación agradable, aquellos momentos en que te sentiste realizado y no fracasado, aquellas personas que te hicieron bien y no mal.

Lo que hay que dejar ir es lo que puede llevarte a la amargura por tanto pensar en ello, es ese recuerdo que te hace llorar cada vez que viene a tu mente, es eso de lo que te lamentas que no hiciste y debías hacer, o aquello que hiciste cuando no debías. Dios te perdona, perdónate tú también.

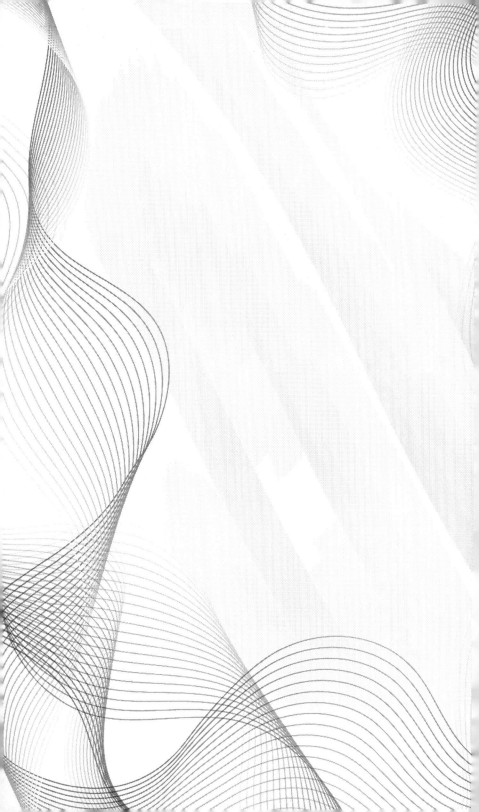

CAPÍTULO 6

DE LARGA DURACIÓN

Encontré el dato de que la persona más longeva del mundo tiene 118 años, al menos hasta el momento en que estoy escribiendo estas líneas. Vivir mucho tiempo es algo que para muchos es un anhelo. Hay personas que les gustaría vivir muchos años, pero aunque no lo crea, también hay personas que no encuentran una razón de peso como para desear vivir una larga vida. Consideré importante destinar un capítulo de este libro para hablar sobre longevidad, porque creo que lo que he encontrado puede traerte paz en relación a la polémica de si debemos o podemos anhelar una larga vida. Si pensamos que nuestra vida está en manos de Dios, esto incluye su duración. Reflexionemos en la siguiente pregunta: ¿Si estuviera en tus manos el preservar tu vida, cuánto tiempo la prolongarías?

La Biblia dice:

«¿Y quién de vosotros, por ansioso que esté, puede añadir una hora al curso de su vida?» Mateo 6:27 (LBLA)

Por ansioso que estés, por mucho que te afanes, la Palabra de Dios nos dice que no tenemos la facultad de alargar nuestra vida. Reflexioné sobre esto un día, un día que leí:

«Porque yo sé los pensamientos que tengo acerca de

vosotros, dice Jehová, pensamientos de paz, y no de mal, para daros el fin que esperáis.» Jeremías 29:11

Leyendo esta escritura, me puse a pensar en cuál era el fin que yo esperaba. Y meditando en esto, pensé que me gustaría dejar a todos mis hijos casados; conocer mis nietos y, por qué no, a mis bisnietos o al menos a una buena parte de ellos. Le estoy creyendo a Dios por una larga vida en donde pueda ver su mano de favor y gracia todos los días, sobre mí y sobre mi familia; y me conceda ver hechos realidad mis sueños y los de mi familia. Un final que supongo que sería el deseo de muchos; por eso, quiero compartirte las pautas que he encontrado durante mi tiempo de búsqueda.

LONGEVIDAD EN LA BIBLIA

La Palabra de Dios nos da pautas y principios que podemos aplicar y vivir para que nos sea concedido el ser de *larga duración*; esto nos confirma que Dios está de acuerdo en que vivamos muchos años.

Pauta #1: Habitar en su presencia, invocarle.
Podemos leer en Salmos 91:1, lo siguiente:

«El que habita al abrigo del Altísimo morará bajo la sombra del Omnipotente.»

Me invocará, y yo le responderé; Con él estaré yo en la angustia; Lo libraré y le glorificaré.

«Lo saciaré de larga vida, y le mostraré mi salvación.» Salmos 91:15-16

Pauta #2: Tener temor de Dios.

«El temor de Jehová aumentará los días; mas los años de los impíos serán acortados.» Proverbios 10:27

Pauta #3: La honra a nuestros padres.

«Honra a tu padre y a tu madre, que es el primer mandamiento con promesa; para que te vaya bien, y seas de larga vida sobre la tierra.» Efesios 6:2-3

Dios nos promete larga vida como una consecuencia de honrar a nuestros padres.

Pauta #4: Buscar la sabiduría.

«Gracias a la sabiduría, vivirás mucho tiempo y aumentarán los años de tu vida.» Proverbios 9:11

VIDA VS. MUERTE

¿Alguna vez has pensado en la osadia de todos aquellos que aman el deporte extremo? Me refiero por ejemplo, a aquellos que son capaces de "volar por las alturas" sostenidos de un paracaídas o hacer piruetas en sus motocicletas. Es increible como se divierten exponiéndose a un accidente, pero en muchas ocasiones, falleciendo por circunstancias naturales o de enfermedad, sin que su muerte tenga nada que ver con sus peligrosas actividades.

Me impacta ver que hay personas que por decisión propia, son capaces de ponerse en peligro, como si no les importara su vida. Uno de ellos, es Philippe Petit, quien se ganaba la vida en las calles de París haciendo malabares. Un día, tuvo el sueño de caminar sobre una cuerda floja sostenida entre nada más y nada menos que las Torres Gemelas de Nueva York. En 1974, cumplió su cometido. Cuenta la historia que por casi una hora, decenas de transeúntes quedaron pasmados mirando hacia arriba mientras Philippe, acosado por la policía y gozando el momento, iba, venía, se arrodillaba y acostaba sobre un cable de hierro, sin protección, a 411 metros de altura.

Viendo actos como este, yo me pongo a pensar en que por un lado, muchas personas pedimos a Dios una larga vida para poder disfrutar de ella, para hacer grandes cosas y disfrutar de los logros de nuestras generaciones descendientes; en cambio este hombre se propuso realizar esta hazaña, arriesgando su vida sin que nadie se lo estuviera pidiendo, o sin que fuera algo necesario, aunque al conocer su historia, nos damos cuenta que sí era *necesario* para él.

Como dato interesante te cuento que al momento de yo escribir estas líneas, Philippe Petit, aún vive, tiene 71 años de edad; lo cual nos confirma que definitivamente, Dios tiene nuestra vida en sus manos, puesto que Philippe arriesgó tantas veces en su vida y aún así ha alcanzado la tercera edad, a diferencia de muchos otros que vivieron su vida cuidando de ella y partieron jóvenes. No debemos ser imprudentes o descuidados en lo que hacemos o en como vivimos, creo que Dios ya tiene el día y la forma en que nos llamará a Su presencia.

ALINEA TU CORAZÓN A TUS PALABRAS

Algo muy importante es que alinees tu corazón a tus palabras. Las palabras tienen poder y si quieres vivir una larga vida, debes aprender a hablar.

«La vida y la muerte dependen de la lengua; los que hablan mucho sufrirán las consecuencias.»
Proverbios 18:21 DHH

No hables muerte, ¡habla vida! Declara con frecuencia las promesas de larga vida que Dios nos da en Su Palabra. Declara que Dios te permite ver sus maravillas por muchos años más. Que dejas a tus hijos casados y ya con sus vidas encaminadas. Que conoces y disfrutas de tus nietos y bisnietos.

Que tu lenguaje te lleve hacia la vida y no hacia la muerte. Sé optimista, ten fe, no pesimista e incrédulo.

PARA FINALIZAR

Dios tiene la última palabra de cuándo seremos llevados, pero solo Él sabe con precisión cuándo será ese día; nos toca entonces, caminar con la fe y la confianza de que nos concede el deseo de nuestro corazón de ver lo que anhelamos ver, antes de partir a Su presencia.

«Deléitate en el Señor, y él te concederá los deseos de tu corazón.» Salmos 37:4-19

Parte 2
Propósito

CAPÍTULO 7

UNA VIDA SIN PROPÓSITO

Piensa en todos los objetos que se encuentran en tu casa; ahora mismo echa un vistazo a tu alrededor. ¿Qué ves? ¿Una lámpara? Esa lámpara tiene un propósito, fue hecha para alumbrar. ¿Qué otra cosa puedes ver? ¿Un bolígrafo? Ese bolígrafo fue creado para escribir. ¿Qué más puedes ver? ¿Un espejo? Fue creado para que las personas puedan ver su imagen reflejada en él.

A mi alrededor no encuentro una sola cosa que haya sido creada sin un propósito específico. Así mismo pasa con la vida de cada persona. No hay una sola vida que haya sido creada sin razón, el problema es que muchas personas no lo saben. Hay un propósito que cumplir, un propósito dado por Dios.

Por muchos años viví creyendo que el propósito para el que yo había sido creada, era dedicarme a la enseñanza, que por más de quince años fue mi profesión; durante todo ese tiempo me dediqué a enseñar danza folklórica en escuelas de diversos niveles educativos, me ocupaba en preservar la cultura de mi país a través de la práctica de ese género artístico, aunque más allá de verlo como un propósito, lo veía como mi profesión o incluso mi vocación. Mucho tiempo viví sin entender que, más allá de mis propósitos o proyectos personales, Dios tenía un propósito para mi vida, ¡pero gracias a Dios que un día eso cambió!

Un día, tuve la oportunidad de conocer a Jesús, recibí la salvación de mi alma y junto con ello, mi llamado.

Un día entendí que Dios me había dado vida para algo más que solo trabajar en mi carrera y hacer una vida que solo giraba en torno mío.

No es que una profesión no sea parte de los planes de Dios para una persona, no es que el formar una familia y tener diversos proyectos esté peleado con el llamado que Dios le tiene a cada persona, al contrario, he aprendido que todo lo que somos, hacemos y vivimos, Dios lo utiliza de una manera directa o indirecta para que caminemos hacia el cumplimiento de nuestro destino, pero debemos tener claro cuál es el verdadero propósito por el cual Dios nos dió vida.

ENEMIGOS DE TU PROPÓSITO

Una de las razones por las cuales muchas personas viven sin siquiera acercarse un poco al cumplimiento de su propósito es porque no son conscientes de que hay cosas que se oponen, enemigos que se levantan desde el momento del nacimiento para asegurarse de desviar, obstaculizar o entorpecer su camino. Algunos de estos enemigos son:

*Experiencias traumáticas

Hay experiencias que definitivamente pueden dejarnos un trauma; estos traumas, a su vez, determinarán en un alto porcentaje cómo viviremos nuestra vida.

Sea cual sea el área en la cual haya sufrido el trauma, si la persona no le da la atención requerida, puede llevarle a desviarse de su propósito, porque un trauma afecta entre otras cosas, la identidad, la autoimagen, la autoestima y la visualización que una persona tenga de sí misma.

Si por ejemplo, una persona vive una experiencia de abuso sexual, y no le presta atención al trauma que le ha dejado, esta persona caminará en temor, con baja autoestima, inseguridad, etc., lo cual le desviará del cumplimiento de su propósito.

Debemos asegurarnos de superar todas las experiencias negativas que hemos vivido, sea en la infancia, en la juventud o ya en la edad adulta, debemos asegurarnos de sanar y de ser libres de todo eso que nos afecta y que no nos permite vivir nuestra vida conforme al plan que Dios estableció para cada uno de nosotros.

*IGNORANCIA

La Biblia dice en Oseas 4:6: «Mi pueblo fue destruido porque le faltó conocimiento». Según esta escritura, un pueblo fue destruido por ignorancia, por lo tanto, una vida puede ser destruida por falta de conocimiento. Ignorar tu propósito y no tener conciencia de que Dios te escogió desde el vientre de tu madre, es uno de los más grandes enemigos que cualquier persona puede enfrentar para poder lograr su propósito.

Durante el tiempo que viví en desconocimiento de que Dios tenía un propósito para mí, y que había algo más aparte de lo que yo alcanzaba a visualizar, sé que estuve en peligro: mi vida y mi destino divino estuvieran en peligro. Ese tiempo fue antes de venir a Cristo, y por supuesto, antes de entender que había un propósito de parte de Dios para mi vida. Doy gracias a Dios por su misericordia, por su gracia, por su amor y por su perdón, ya que en esas etapas de mi vida, el pecado en el que estaba viviendo me estaba llevando derecho a la muerte, pero Dios tuvo misericordia de mí y me dio una oportunidad.

«Porque la paga del pecado es muerte, mas la dádiva de Dios es vida eterna en Cristo Jesús Señor nuestro.»
Romanos 6:23

No saber a dónde nos lleva el pecado puede llevarnos a la muerte de nuestro destino eterno; no saber que Dios tiene un propósito para nosotros puede llevarnos a la muerte de nuestro destino terrenal.

*REBELDÍA

Hay muchas vidas que no cumplen su propósito simplemente porque no quieren. Es decir, porque aunque un día les fue revelado, se resisten.

Un ejemplo en la Palabra es el de Jonás, seguramente has escuchado de él; Dios quería mandar un mensaje a Nínive a través de Jonás, ¡y él no quería hacerlo! Tal vez tenía sus razones que lo justificaban, pero delante de Dios, no eran válidas; encontramos que después de muchos intentos de huir de su llamado, finalmente tuvo que obedecer.

Rebelarte ante el llamado que Dios te está haciendo, no te va a librar de él; la Biblia dice que los dones y los llamamientos son irrevocables (Romanos 11:29). Dios no cambia de opinión en cuanto al llamado que te ha hecho; por lo tanto, de nada servirá intentar huir de Él; además de que hay muchas cosas que te vas a evitar si en vez de resistirte, te alineas desde un principio a la voluntad de Dios.

*PRIORIDADES MAL ORDENADAS

Es común tener un mal orden en las prioridades. Existen prioridades ya establecidas entre las que se encuentran, la vida, la salud, la familia, etc., es decir, nadie pone en duda de qué debe de ser lo más importante; si dejamos de respirar, ya nada más importa pues significa que nuestra vida ha terminado; pero hay cosas en las que existen diversidad de opiniones como: Dios, el llamado, el ministerio, etc.. Para muchos, esto no es prioridad, para muchos es más importante la empresa que Dios, o que el llamado que Dios pueda estar haciéndole; es aquí donde el tener mal ordenadas nuestras prioridades se convierte en un enemigo de nuestro propósito; solo debemos entender cuál es el orden de importancia que debemos dar a las cosas de Dios.

Para que no seas de aquellos que viven su vida sin el verdadero propósito por el cual fueron creados, debes ordenar tus prioridades; la Palabra de Dios nos muestra claramente cuál debe de ser ese orden.

Lo primero que debemos poner en nuestra vida, es el reino de Dios.

«Mas buscad primeramente el reino de Dios y su justicia, y todas estas cosas os serán añadidas.» Mateo 6:33

Dios nos pide renunciar a lo personal para servirle.
«Y cualquiera que haya dejado casas, o hermanos, o hermanas, o padre, o madre, o mujer, o hijos, o tierras, por mi nombre, recibirá cien veces más, y heredará la vida eterna.» Mateo 19:20

EJEMPLOS EN LA BIBLIA DE VIDAS CON PROPÓSITO

Hay muchos ejemplos de personas en la Biblia que dieron prioridad al llamado de Dios, y podemos ver la gloria de Dios en sus vidas por haber sido obedientes.

EJEMPLO #1: NOÉ

Noé obedeció a Dios cuando le ordenó construir un arca para salvarlos a él y a su familia, y por ende a la humanidad.

¿Te has preguntado alguna vez qué hubiera pasado si Noé no hubiera cumplido su propósito?, ¿Dios hubiera buscado a alguien más? Podríamos hacernos muchas preguntas, lo importante aquí, es que gracias a la obediencia de Noé, hoy, tú y yo estamos aquí.

EJEMPLO #2: MOISÉS

Moisés fue llamado por Dios para que libertara a su pueblo de la esclavitud. Cuando Dios le llamó, la primera reacción de Moisés fue debatir con él, argumentando su tartamudez, entre otras cosas.

Dios reprendió a Moisés, quien finalmente terminó sometiéndose a la voluntad de Dios, y convirtiéndose en un instrumento en sus manos, con el cual Dios hizo cosas poderosas, como abrir el mar para que todo su pueblo cruzara sano y salvo y escaparan de sus enemigos.

EJEMPLO #3: DAVID

Un hombre que tengo que mencionar es David, alguien que en el nombre de Dios hizo grandes proezas. Fue predestinado para ser, primero, un pastor de ovejas que derrotaba leones con sus manos; segundo, el guerrero de todos los tiempos y, por último, el rey de Israel. David se caracterizó por ser un hombre conforme al corazón de Dios.

PARA FINALIZAR ENCUENTRA TU DESTINO

Amado lector, te animo fervientemente a que no dejes pasar un solo día más sin que hagas algo que te dirija o te lleve a encontrar cual es el propósito de Dios para tu vida. ¡No vivas una vida sin propósito! La verdadera felicidad sí existe, pero no la encontrarás fuera del cumplimiento del propósito para el que fuiste creado por Dios. ¡Hay algo que Dios está esperando que hagas!

La Biblia dice en Salmos 138:8:

«Jehová cumplirá su propósito en mí; Tu misericordia, oh Jehová, es para siempre; No desampares la obra de tus manos.»

La versión Dios Habla Hoy lo dice de la siguiente forma:

«¡El Señor llevará a feliz término su acción en mi favor! Señor, tu amor es eterno; ¡no dejes incompleto lo que has emprendido!»

¡Dios no dejará incompleto lo que ha comenzado en ti! ¡Él cumplirá su propósito en ti!

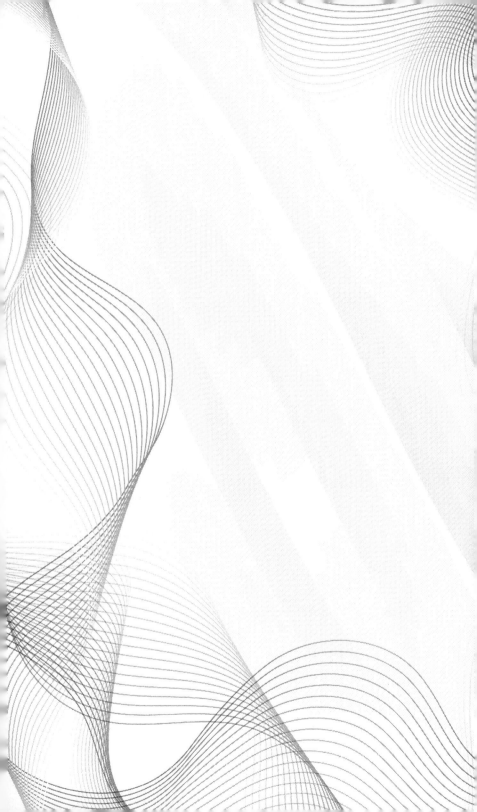

CAPÍTULO 8

ES TU TURNO DE VIVIR

La idea de este título me surgió una ocasión en la que estaba reflexionando en las personas que a través de sus vidas hicieron algo tan importante, que marcaron otras vidas o incluso generaciones.

Thomas Alva Edison se aseguró de que jamás nadie lo olvidara al inventar el foco eléctrico. Martin Luther King fue un ministro bautista que aprovechó muy bien su turno, y entre otras cosas, defendió los derechos civiles de la raza negra y de los grupos discriminados. Nos tomaría demasiadas páginas para mencionar a tantos que mientras vivieron, se aseguraron de hacer que su vida valiera la pena.

Todos estamos de paso por este mundo, y solo tendremos una oportunidad ya sea para hacer algo o para no hacerlo.

Hay quienes han aprovechado muy bien su turno, es decir, hicieron algo con su vida que trajo un beneficio a la humanidad, o mínimo, a las personas que les rodearon.

Si buscara un propósito para este capítulo sería este: dejar en ti la intención de asegurarte de que mientras dure tu turno, hagas buen uso de él. Las generaciones anteriores a las nuestras, vivieron su tiempo, tuvieron su turno; nuestros padres, nuestros abuelos y todas las generaciones anteriores que ya partieron, algo dejaron en su paso por la tierra. Tal vez no todos haremos un descubrimiento, tal vez no todos llegaremos hasta el senado o a alguna posición política, tal vez no todos pelearemos en alguna guerra por nuestro país; pero sí debemos asegurarnos de vivir con la meta de lograr lo más que podamos ahora que es nuestro turno.

¡Ahora es el tuyo! Tu turno de dar lo mejor a los que te rodean, ahora tienes la oportunidad de trabajar en dejar en ellos lo mejor de ti.

Creo que debemos vivir haciendo todo lo posible por dar de nosotros al punto de que el día que partamos de este mundo, todos aquellos que nos conocieron, nos recuerden como alguien que les otorgó algún bien a su vida.

«Por tanto, nosotros también, teniendo en derredor nuestro tan grande nube de testigos, despojémonos de todo peso y del pecado que nos asedia, y corramos con paciencia la carrera que tenemos por delante.» Hebreos 12:1

No todos pisaremos la Luna, pero estoy segura que todos podemos asegurarnos de dejar una huella en nuestro paso por la vida.

Me sucedió que estando en un vuelo de regreso a Colorado, tomé una revista que se encontraba frente a mi asiento, contenía entre otras cosas algunos artículos interesantes, fue allí donde leí un artículo sobre Neil Armstrong. Él fue la primer persona que caminó sobre la

Luna, esto fue en el año de 1969. Un dato interesante que encontré, fue que otros astronautas en sus viajes a la luna, se encontraron con las huellas de Neil Armstrong, esto es, porque no se han encontrado señales de manifestaciones climáticas en la luna, por lo tanto, las huellas siguen allí. El artículo concluía con la siguiente frase: «Sin viento y sin lluvia, las huellas que los astronautas dejaron, pueden estar ahí para siempre». ¡Esta frase me impresionó! Pues de igual manera, creo que debemos asegurarnos de que todo lo que hacemos mientras vivimos sea como esas huellas, es decir, que sean tan significativas que queden ahí para siempre.

De hecho, si queremos partir de la Palabra de Dios y del ejemplo del mismo Jesús, podemos darnos cuenta de que no hay límite para todo lo que queramos hacer.

«De cierto, de cierto os digo: El que en mí cree, las obras que yo hago, él las hará también; y aun mayores hará, porque yo voy al Padre.» Juan 14:12

VENCIENDO TODA OPOSICIÓN

Debes estar consciente de que hay alguien que desea evitar que dejes huella, hay alguien que desea que no te des cuenta de que solo estás de paso por la tierra, para que ahora que es tu turno, no des fruto, y tu vida termine sin haber cumplido su propósito.

Hay alguien que quiere evitar que quede rastro de ti, me refiero a el padre de mentira, enemigo, diablo o como lo quieras llamar. Él quiere destruir tu vida, tu casa, tu familia y tus pertenencias a través de adversidad y circunstancias, y que termines tu turno sin resultados o ningún tipo de fruto.

Recuerda una cosa, la razón por la cual las huellas permanecen en la Luna es que allá no llueve ni hay vientos ni tormentas, en cambio nosotros, en nuestro entorno, sí podemos ser alcanzados por ese tipo de adversidades; y no me refiero precisamente a condiciones climatológicas, sino a cuando situaciones o problemas llegan y alcanzan nuestras vidas.

Hay momentos en los que las circunstancias adversas —ya sea en el área familiar, matrimonial, financiera, o de salud—, nos rodean y sentimos que nos consumen. Sea cual sea la situación que estés viviendo, quiero decirte que aunque no estemos en la Luna, ¡tu casa puede permanecer! Y me estoy refiriendo a tu vida, a tu matrimonio, a tu negocio, en fin, a todo lo que es tuyo y a todo lo que te representa.

¡Permanece! Mientras estés de turno, permanece.

Mateo 7:25 declara: «Descendió lluvia, y vinieron ríos, y soplaron vientos, y golpearon contra aquella casa; y no cayó porque estaba fundada sobre la roca». Según Mateo 7:24, todo el que escucha la enseñanza de Jesús y la sigue, será comparado a un hombre prudente que estará edificando sobre la roca. La clave está en que tu vida, tu matrimonio, tu familia, tus finanzas y todo lo que tú eres, esté construido sobre la roca.

Aplicar la Palabra de Dios en tu vida y obedecerla, dará firmeza a tus cimientos. Cuando Dios es parte de tu vida, Él se convierte en tu roca.

«Porque tú eres mi roca y mi castillo; Por tu nombre me guiarás y me encaminarás.» Salmos 31:3

Dios es tu Roca y tu fortaleza, Él es la Roca de tu salvación.

¡Aún hay esperanza para ti! ¡Comienza a fortalecer tus cimientos! ¡No temas más a las tormentas! ¡No temas más a la adversidad!

«Aunque llueva a cántaros y suban las aguas de la inundación y los vientos golpeen contra esa casa, no se vendrá abajo porque está construida sobre un lecho de roca.» Mateo 7:25 (NTV)

Así sea como un tsunami lo que venga contra ti, tú no estarás destruido. Aférrate a Dios como la palmera se aferra a sus raíces y resiste a la tempestad. Tu victoria en medio de esos tiempos será tu testimonio. Y muchos anhelarán seguir tus huellas. Muchos serán testigos de lo bien que estás aprovechando tu turno.

El plan de Dios para nosotros es que aún después de esta vida, seamos como esas huellas en la Luna y permanezcamos para siempre por el testimonio de nuestras vidas.

«Cuando pasa el torbellino, ya no existe el impío, pero el justo tiene cimiento eterno.» Proverbios 10:25

LAS HUELLAS DE JESÚS

Jesús, siendo hijo de Dios, vivió como hombre, y en esa condición hizo cosas impresionantes que ahora, aunque han pasado más de dos mil años, se siguen recordando.

Jesús enseñaba la palabra de Dios, sanaba a los enfermos y murió por todos nosotros para salvar a la humanidad, !vaya manera de aprovechar su turno!

Jesús fue enviado al mundo con un propósito de parte de Dios; Él sabía que viviría 33 años, y se aseguró de cumplir su propósito. D e la misma manera, tú y yo hemos sido concebidos por un propósito, Dios sabe nuestro tiempo, pero debes asegurarte de que para cuando tu turno termine, hayas cumplido tu propósito.

«Antes que te formase en el vientre te conocí, y antes que nacieses te santifiqué, te di por profeta a las naciones.» Jeremías 1:5

Si es que te estuvieras preguntando el porqué de tu existencia, solamente dirige tu mirada al cielo y pregúntaselo a Dios. Lee la Palabra de Dios y seguramente te será revelado tu propósito.

Una vez que lo encuentres, comienza a trabajar para que tu propósito en esta tierra sea cumplido.

¡Dios nos ha escogido para este tiempo! Quizá a Martin Luther King y a muchos otros les tocó enfrentarse a una adversidad distinta a la nuestra, pero aunque los tiempos sean distintos, a ti te toca levantarte vencer los obstáculos que se te presenten y vivir la razón por la que Dios te tiene hoy aquí.

PARA FINALIZAR

Sea que tu turno de vivir dure veinte u 85 años, asegúrate de sacarle provecho. Generaciones anteriores a las nuestras tuvieron su oportunidad, y ahora es la tuya.

«Y tú irás hasta el fin, y reposarás, y te levantarás para recibir tu heredad al fin de los días.» Daniel 12:13

CAPÍTULO 9

VIVE TU PROPIA VIDA

Así como no podemos estar en todas partes, tampoco podremos vivirlo todo, ¡no podemos vivir todas las vidas! A algunos les toca casarse, a otros no; a algunos les toca ser padres, a otros no; a algunos les toca ser jefes, a otros no. Cada uno vivirá su propia vida; pero a veces cometemos el error de querer vivir las vidas de otros.

Cuando somos pequeños y nos preguntan: «¿Qué quieres ser cuando seas grande?», es común que respondamos en base a lo que ante nuestros ojos puede ser una profesión o una carrera que nos genere mucho dinero y hasta nos haga famosos. Muchos niños quieren ser artistas, futbolistas, azafatas, etc., quizá no conocen a conciencia los detalles de la profesión; pero se basan en lo que pueden alcanzar a ver en las vidas de aquellos que han logrado el éxito y la fortuna. Algunos se inclinan más por ser lo que han visto a sus hermanos mayores hacer, o aún a sus padres.

Muchas son las profesiones, labores, actividades y funciones que existen, y seguramente nuestros gustos *encajan* en más de una, pero tienes que estar consciente de que no puedes vivir todas las vidas.

Recuerdo que en una ocasión, llevaron a la escuela de mi hijo una promoción de que podía tomar una clase gratuita de karate, y por ser gratis, no podía despreciar esa oferta y acudimos al lugar en donde se impartían esas clases. Era un espacio grandísimo e impresionante. En la recepción tenían una exposición con uniformes, equipo y fotografías de estudiantes y maestros en una posición de karate, o simplemente posando en sus uniformes para las cámaras. Atravesamos el *lobby* y nos adentramos a ese gigantesco espacio en donde todos los niños presentes, ya vestidos con su ajuar, se estaban acomodando para comenzar su entrenamiento.

Fue una clase breve pero esta experiencia me llevó a razonar algo: existen otros mundos. En el hospital, los médicos, las enfermeras y todos los que allí laboran, viven su mundo cada día. En la escuela, los maestros, estudiantes y demás personal, viven su vida cada día.

Para serte sincera, a través de lo largo de mi vida me he sentido atraída a profesiones o carreras en las que nunca incursioné, pero que me hubiera gustado. Me hubiera gustado involucrarme en la televisión o el cine. Me parece muy interesante ver cómo filman una película o hacen un programa de televisión; creo que son áreas en las que me hubiera gustado desenvolverme, no me preguntes en qué rol, porque no lo sé, solo sé que son mundos que alguna vez atrajeron mi atención. También me parecen interesantes trabajos al lado del presidente y de personas en posiciones políticas, así como me hubiera gustado tener una gran voz para ser cantante.

Muchas son las cosas que nos pueden atraer, pero ¡necesitamos entender no podemos vivir todas las vidas!

Tu vida ya tiene un camino trazado que tienes que encontrar.

Si eres una persona que camina de la mano de Dios, que se rige por la Palabra y que tiene una relación con Dios, estarás de acuerdo conmigo en que tenemos que buscar la voluntad de Dios, antes que la nuestra.

Dios nos creó con un propósito, y tenemos que asegurarnos de que este se cumpla. Deja de anhelar, desear o codiciar las vidas de otros, las cosas de otros y los destinos de otros.

«No codiciarás la casa de tu prójimo, no codiciarás la mujer de tu prójimo, ni su siervo, ni su criada, ni su buey, ni su asno, ni cosa alguna de tu prójimo.» Éxodo 20:17

La palabra *codiciar*, según cualquier definición, se refiere a desear mucho o en exceso una cosa difícil de alcanzar, en especial dinero, poder o cualquier cosa para mejorar la situación personal.

Según la Palabra de Dios, no debemos desear mucho o en exceso una vida que no nos pertenece o no nos corresponde.

¡Quiero aclarar que no es que pienso que debemos ser conformistas, o que no podemos soñar o luchar por alcanzar nuestros sueños y metas! Claro que sí; también entiendo que muchas veces lo que vemos en otras personas nos inspiran y en muchos casos pueden atraernos al punto de que anhelemos seguir sus pasos; pero es muy importante que pongamos en manos de Dios nuestros planes y que le pidamos la sabiduría y la guianza para saber cómo llevarlos a cabo para que sean prosperados.

A veces, en vez de enfocarnos en nosotros, nos fijamos en las vidas de otros con una actitud incorrecta, no de admiración sino de envidia y codicia; en ocasiones, hasta suspiramos: «¡Ay, si yo tuviera esa casa! ¡Si yo tuviera ese negocio! ¡Si yo pudiera tener una empresa como la de aquella persona! ¡Si yo cantara como aquel cantante...»

Algo que me llevó a escribir sobre este tema fue que en algún momento de mi vida me encontré deseando ser lo que no era y tener lo que no tenía, nada hay más frustrante que esto; vives como mirando aquello con un sentir de impotencia porque no lo tienes, no te pertenece, en vez de mirar lo que sí tienes, lo que por gracia Dios te ha concedido ser o tener.

Recuerdo que en una ocasión, tratando de localizar mi carro en medio de un gigantesco estacionamiento, buscaba a lo lejos, hacia un lado y hacia el otro, mientras hacía memoria dónde lo había dejado al momento de llegar, recuerdo que pensé en hacer sonar la alarma para ver si así podía ubicarlo; fue entonces cuando al meter mi mano a la bolsa para sacar mis llaves, bajé un poquito la mirada, momento en el cual, la imagen de mi carro, se cruzó ante mis ojos. Mi carro estaba ahí, a unos pasos de mí. En ese momento, Dios me habló y me dijo: «Así sucede muchas veces con las bendiciones que yo tengo para ti, están ahí, a unos pasos, están ahí a tu alcance... y tú, buscándolas lejos. No tienes que buscar a lo lejos, solo tienes que extender tu mano para que puedas alcanzarlas».

De la misma manera te puede pasar si no colocas tu mirada en lo correcto, en lo que debes de ver. Por estar mirando lo que otros tienen, por estar mirando lo que otros están logrando, por estar mirando la vida de otros, no estás viendo lo que Dios te ha dado ni lo que Él quiere hacer contigo.

PARA FINALIZAR

Enfoca tu mirada en tu propia vida. Si has de levantar la mirada para mirar a lo lejos, que sea para que veas qué tan lejos vas a llegar con la ayuda de Dios. Tú puedes, y debes, orar para pedirle a Dios que te guíe por el camino que Él ha contemplado que camines. Te recomiendo tener una relación con Dios para que te asegures de que sea Él quien guíe tu camino. Sin afán y sin ningún tipo de preocupación ponte en sus manos, entrégale tu existencia y deja que Él te lleve a la vida que te corresponde vivir.

«Venga tu reino. Hágase tu voluntad, como en el cielo, así también en la tierra.» Mateo 6:10

Parte 3

DESTINO

CAPÍTULO 10

LO INEVITABLE

¿La muerte ha sorprendido a un ser querido? ¿Le está siendo difícil entender lo que ha pasado?

Confío en que al leer estas líneas, recibas alivio y dirección, si es que has estado luchando con aceptar la realidad de la muerte; si eres de esas personas que no les gusta hablar del tema y que aún interiormente luchan, cuando por alguna razón, sus pensamientos son dirigidos hacia esa realidad, quiero comenzar con recordarte que Jesús murió en la cruz por ti y por mí, y que a través del derramamiento de su sangre, recibimos como regalo, la vida eterna; espiritualmente no moriremos, pero esto no será así en lo físico, un día, todos partiremos de este mundo, mas en Cristo tenemos la promesa de que moraremos en la presencia de Dios para la eternidad.

La muerte es una realidad para todo el que vive; todos sabemos que algún día moriremos, pero generalmente creemos que esto no sucederá por el momento, es decir, nos paramos en la idea de que aunque sabemos que un día partiremos, falta tanto tiempo para eso (al menos eso queremos creer), que ni siquiera necesitamos pensar en ello.

El problema es que cuando el médico anuncia que el final se acerca para ti o para alguien que amas, o simplemente cuando pensamos en eso como una realidad, no estamos preparados, y este suceso puede ser devastador cuando somos sorprendidos por la realidad de la muerte.

Al adentrarte en estos capítulos de esta parte del libro recibirás pautas que te ayudarán a sobrellevar con más paz y menos dolor esos difíciles tiempos en donde queramos o no, hemos de ser separados, al menos temporalmente para los que creemos en la eternidad, de nuestros seres amados.

No tiene por qué ser devastador ni insuperable, Dios puede sostenerle durante este inevitable, duro y difícil tiempo.

DEJA DE RESISTIR LO INEVITABLE

«Y de la manera que está establecido para los hombres que mueran una sola vez, y después de esto el juicio.»
Hebreos 9:27

La Palabra de Dios establece que la vida de todo ser humano, así como tiene un principio, tiene un fin.

Al igual que en muchas otras cosas, nos gustan los comienzos pero no nos gustan los finales; hay muchas cosas que no nos gustaría que terminaran, mas no es algo que debemos debatir pues fue establecido de esa manera. Entenderlo, nos permitirá vivir con gozo y paz cada día.

«Con el sudor de tu rostro comerás el pan hasta que vuelvas a la tierra, porque de ella fuiste tomado; pues polvo eres, y al polvo volverás.» Génesis 3:19

La muerte física es segura; todos los que nacen, mueren. Tienes que aceptarlo: un día serás llevado de este mundo, y de lo que deberías de preocuparte es de asegurarte dónde pasarás la eternidad.

Dios puso eternidad en el hombre. Esta vida no es el fin de nuestra existencia. Solo estamos de paso en esta tierra.

«Pues ante ti somos como extranjeros que están de paso, igual que lo fueron todos nuestros antepasados, y nuestra vida sobre la tierra es como una sombra, sin ninguna esperanza.» 1 Crónicas 29:15

CUANDO ALGUIEN MUERE ES PORQUE DIOS LO PERMITE

Dios es todopoderoso, es más poderoso que el diablo, que la muerte y que la enfermedad. Dios es más poderoso que aquel asesino, que aquel terrorista, que aquel desastre natural. Cuando Dios quiere permitir la muerte de alguien, lo hace, y cuando no, pues no.

Es sorprendente cómo personas sobreviven a un accidente que pudiera haber sido mortal, y cómo personas mueren en situaciones inconcebibles, por lo cotidianas y/o poco comunes. Hay personas que fallecen a muy temprana edad y otras viven largas vidas. ¿De qué depende? De la voluntad de Dios.

«Dos pajaritos no valen más que una moneda. Sin embargo, ningún pajarito muere sin que Dios, el Padre de ustedes, lo permita. ¡Dios sabe hasta cuántos cabellos tienen ustedes en la cabeza!» Mateo 10:29-30

Dios tiene todo en control. La enfermedad y la muerte no interrumpen su propósito de nuestras vidas.

AL MORIR, NUESTRO ESPÍRITU SE SEPARA DE NUESTRO CUERPO

«No tengan miedo de la gente que puede destruir el cuerpo, pero no la vida que está en ustedes. Más bien, teman a Dios, que tiene el poder de destruirlos totalmente en el infierno.» Mateo 10:28

El leer una escritura como esta nos lleva a pensar que el cuerpo no es lo más importante: aunque este sea destruido, no mata a aquellos que están verdaderamente en Cristo.

Entender que la muerte es inevitable y que la vida eterna también es una realidad, nos lleva a hacernos la siguiente pregunta: ¿A dónde iremos?

Eso es en lo que nos debemos enfocar.

La Palabra de Dios establece que al morir, seremos juzgados y ese juicio dará como resultado, la dirección hacia donde nuestra alma se dirigirá.

«Porque para mí el vivir es Cristo, y el morir es ganancia.»
Filipenses 1:21

Pablo entendía a dónde iría después de morir; él lo consideraba una ganancia. Vivía para Cristo y entendía que, al morir, iría a morar en Su presencia para siempre. Pablo sabía que hay un nivel de relación con Dios que solo experimentaremos después de morir.

DEBEMOS DE PREPARARNOS PARA LA MUERTE

La mayoría de las personas no se preparan para la muerte.

«Porque es necesario que todos nosotros comparezcamos ante el tribunal de Cristo, para que cada uno reciba según lo que haya hecho mientras estaba en el cuerpo, sea bueno o sea malo.» 2 Corintios 5:10

Dios nos va a juzgar en base a que hicimos en la tierra.
«Y de la manera que está establecido para los hombres que mueran una sola vez, y después de esto el juicio.» Hebreos 9:27

Si aceptamos a Jesucristo en nuestro corazón y vivimos en relación con Él, obedeciendo Su Palabra, iremos a la presencia de Dios, sino nuestro destino será el fuego eterno.

«Así será al fin del siglo: saldrán los ángeles, y apartarán a los malos de entre los justos, y los echarán en el horno de fuego; allí será el lloro y el crujir de dientes.»
Mateo 13:49-50

Dios nos dará un cuerpo eterno que nunca se va a enfermar y que nunca morirá.

«¿Dónde está, oh muerte, tu aguijón? ¿Dónde, oh sepulcro, tu victoria? ya que el aguijón de la muerte es el pecado, y el poder del pecado, la ley.» 1 Corintios 15:55-56

Si hay algo que debemos temer de la muerte es estar en pecado cuando esta nos alcance. Debes asegurarte de vivir una vida cubierta por la sangre de Jesucristo, para que cuando mueras, mueras con Cristo y puedas entrar a la eternidad con Dios. Los hijos de Dios no degustaremos la muerte, porque al morir pasaremos a una mejor vida.

NO ES PECADO LLORAR

Cuando una persona pierde un ser querido, la tristeza viene a su vida y puede llevarle a llorar. Jesús lloró por la muerte de lázaro. La tristeza es natural y llorar es natural, pero no debemos actuar como aquellos que no tienen esperanza. No lloramos por la persona que ha partido, lloramos por nosotros mismos porque le extrañaremos, porque sabemos que nos hará falta, pero entendemos que a Dios le plació llevarle a su presencia y que definitivamente, allá estará mejor.

«Tampoco queremos, hermanos, que ignoréis acerca de los que duermen, para que no os entristezcáis como los otros que no tienen esperanza. Porque si creemos que Jesús murió y resucitó, así también traerá Dios con Jesús a los que durmieron en él.» 1 Corintios 4:13-14

PARA FINALIZAR

Quiero concluir haciéndote una pregunta: ¿Estás listo para enfrentar la muerte?

Es solo a través de la persona de Jesucristo que podemos vencer el pecado, solo a través de Jesús nos podemos reconciliar con Dios; solo a través de Él estaremos listos para enfrentar la muerte sin temor.

Tener a Cristo en el corazón te direcciona hacia el cumplimiento de tu destino eterno. Asegúrate de tenerlo en tu vida para cuando lo inevitable llegue.

«Y en ningún otro hay salvación; porque no hay otro nombre bajo el cielo, dado a los hombres, en que podamos ser salvos.» Hechos 4:11-12

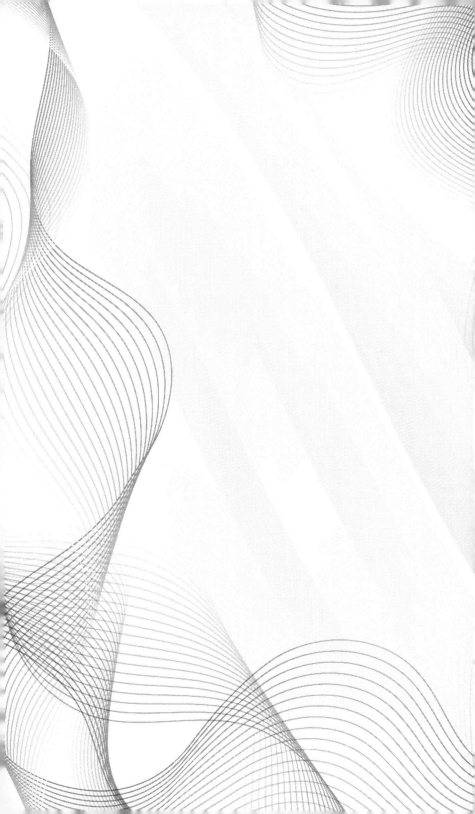

CAPÍTULO 11

VIVENDO DENTRO DE UNA BURBUJA

Durante mucho tiempo creí que yo temía mi propia muerte, y aunque honestamente aún quisiera ver algunas cositas más por aquí en la tierra antes de partir con el Señor, un día me di cuenta de que lo que yo más bien temía era perder a los que amaba; el solo hecho de pensar que mi padre, mi madre o alguno de mis hermanos pudiera fallecer me aterraba.

Desde joven fui una persona creyente, es decir, conocía de la Palabra de Dios y me sentía atraída a lo espiritual, y aunque por mucho tiempo caminé dentro de una religión, podría decir que siempre he sido una persona de fe; pero a pesar de eso, lidiaba con este tipo de temores.

Me ha tocado experimentar la muerte de seres queridos muy importantes para mí, entre ellos, mi padre y, a tan sólo once meses, mi hermano mayor, lo cual fue una experiencia muy dolorosa. Cuando ese momento llegó, yo era inexperta en este tipo de situaciones; aunque ya había experimentado la partida de mis dos abuelas entre otros familiares, perder a mi padre y en menos de un año a mi hermano, me llevaron a pasar por un proceso muy doloroso. Es impresionante cómo una persona puede cerrarse ante la realidad de la muerte. Es como vivir dentro de una burbuja que te protege y en donde nada puede alcanzarte. Consiente o inconscientemente te cierras a una realidad que no aceptas, para que eso no robe la alegría de cada día, viéndote como inalcanzable ante lo que un día tarde que temprano, te alcanzará.

Al menos. eso me pasó a mí.

De alguna manera, en mi subconsciente, descarté la posibilidad de que la muerte me alcanzaría a mí o a cualquiera de mis seres queridos.

Si esto te pasó, si te identificas con estas palabras, sigue leyendo, estoy convencida, tengo esa fe, de que Dios te ayudará a vivir tu vida sin temor y no tendrás la necesidad de meterte dentro de una burbuja, si es que no estás ya en ella, pretendiendo ignorar una realidad que tarde que temprano te alcanzará.

Así como yo, que un día tuve que aceptar que la muerte es real, para creyentes y no creyentes, ¡tú tienes que aceptarlo! Tendrás que salir de esa burbuja donde te has metido y entender la realidad de la muerte además de captar que lo importante está en cómo decides vivir cuando ya tienes esta conciencia.

La muerte física es una realidad

¿A qué me refiero con muerte física? Me refiero a que como cristianos, tenemos la fe de que Jesús murió en la cruz para salvarnos de la muerte eterna, promesa que se ha de manifestar desde la perspectiva espiritual; entendemos que viviremos en el cielo en la presencia de Dios; pero la muerte física, el que el corazón deje de latir, el que no haya más aliento, es algo que todos tendremos que experimentar.

Tienes que estar preparado para cuando tengas que enfrentar la partida ese ser a quien tanto amas. Cuando digo que estés preparado me refiero a que entiendas que nadie nos podremos librar de ese destino eterno; pero que tengas bases y cimientos espirituales fuertes para que no te derrumbes, y que cuando ese momento llegue, aunque duela, aceptes que todos vamos hacia allá, unos antes que otros, pero ese es nuestro destino.

Cuando una persona muere, aquellos que le sobrevivimos, pensamos en muchas cosas: «¿Por qué murió tan joven?», «¿por qué murió de esa manera?», «¿por qué no hice más por esa persona cuando estaba en vida?», «¿habremos sido lo suficientemente buenos con ella?», ¡y un sinnúmero de preguntas más!

Podemos envolvernos en medio de tantas preguntas y de tanto dolor que podríamos llegar hasta la locura.

Pensar en cosas que no nos llevan a nada después del fallecimiento de un ser querido, hacernos preguntas que seguramente nadie podrá responder, puede llevarnos a vivir en un tormento ¡y esa no es la voluntad de Dios para sus hijos!

Un hijo de Dios debe aprender a vivir su vida, enfocándola a alcanzar su propósito y asegurándose de vivirla de manera que alcance su destino terrenal y eterno.

TEMOR A LA MUERTE

Para poder disfrutar de tu vida, debes vencer el temor a la muerte. De hecho, según la Palabra de Dios, no debemos tener temor a la muerte ni a nada. El temor no debe ser parte de nuestras vidas, mucho menos si nos hacemos llamar hijos de Dios. Hay partes de la Biblia que nos exhortan a no temer, como cuando leemos en el libro de Josué 1:9, que dice:

«Mira que te mando que te esfuerces y seas valiente; no temas ni desmayes, porque Jehová tu Dios estará contigo en dondequiera que vayas.»

¡Dios nos manda a ser valientes! Según la Real Academia Española, una de las definiciones de la palabra *valiente* se refiere a una persona capaz de acometer una empresa arriesgada a pesar del peligro y el posible temor que suscita. Tenemos que ser capaces de continuar, avanzar y obrar aún cuando frente a nosotros haya alguna evidencia de peligro, confiando en que Dios estará con nosotros a donde quiera que vayamos.

El temor te ata

Otra razón por la que no debemos temer es porque, según la Palabra de Dios, el temor pone lazo al hombre (Proverbios 29:25), eso significa que cuando temes, es como si tuvieras un lazo atando tus manos y tus pies; ¡imagínate atado!, no puedes caminar, no puedes mover tus manos, no puedes vivir tu vida. Una persona que no vence el temor, no logrará alcanzar las metas que se proponga en su vida.

Temer no cambia nada

No vivirás más por temer al día de tu muerte ¡Hasta puede ser al contrario!

Vemos en el libro de Job que a él le sobrevino lo que tanto temía:

«Porque el temor que me espantaba me ha venido, y me ha acontecido lo que yo temía.» Job 3:25

Por gracia de Dios, no siempre sucede. No siempre que tememos algo lo vemos manifiesto o hecho realidad, pero debemos entender que el temer puede atraer eso que tememos.

VENCE DE UNA VEZ TODOS TUS TEMORES

¿Que tal que el propósito de que estés leyendo este libro , fuera que de una vez y por todas, seas libre del temor?

TOMA LA DECISIÓN DE SER LIBRE

Lo primero que tienes que hacer es tomar la decisión de ser libre. Si estás viviendo bajo temor, existe el riesgo de que te hayas acostumbrado a él, y que a lo largo de tu vida hayas dejado de tomar decisiones y de dar pasos por ese miedo. Es muy posible que por ese temor hayas dejado pasar oportunidades. Y como te dije al inicio de este capítulo, no solo el temor a la muerte, a la enfermedad o a la tragedia pueden estar oprimiéndote; cualquiera que sea tu tipo de temor, esta es tu oportunidad para librarte de él, ¡pero tiene que comenzar con tu decisión !

Hoy serás libre a través de la Palabra de Dios y de lo que esta lectura hará en tu vida.

ASEGÚRARTE DE TENER EL AMOR DE DIOS EN TÍ

«Donde hay amor no hay miedo. Al contrario, el amor perfecto echa fuera el miedo, pues el miedo supone el castigo. Por eso, si alguien tiene miedo, es que no ha llegado a amar perfectamente.» 1 Juan 4:18

Asegúrate de vivir cada día de tu vida lleno del amor de Dios; ese amor que no tiene envidia y que no busca lo suyo, ese amor que según 1a Corintios 13:5-7 nos describe de la siguiente manera:

«No hace nada indebido, no busca lo suyo, no se irrita, no guarda rencor; no se goza de la injusticia, mas se goza de la verdad. Todo lo sufre, todo lo cree, todo lo espera, todo lo soporta.»

Si necesitas una guía para saber si estás viviendo en amor, aquí la tienes.

Vive consciente
de que tus días están en manos de Dios
«En tu mano están mis tiempos; líbrame de la mano de mis enemigos y de mis perseguidores.» Salmos 31:15

Dios es quien controla el tiempo que vivimos cada uno, si entendemos esto, no es necesario afanarnos ni preocuparnos; en lugar de eso, vivimos confiando en que Él nos concede una larga y bendecida vida, y nos libra de nuestros enemigos y perseguidores.

Por eso tomé un espacio de este libro para hablar de aquellas personas que se arriesgan cada día en la realización de alguna actividad, sea por trabajo o sea por una visión que tuvieron. Por un lado, algunas personas están luchando contra el temor a la muerte, y por otro, hay gente que la arriesga cada día. Encontré que muchas de esas personas han vivido una larga vida, así como otras, sin necesariamente arriesgarse en alguna actividad, deporte o cualquier situación que te pueda venir a la mente, son llevadas a temprana edad, ante la presencia de Dios.

Conoce que Dios es un Dios soberano
Cuando una persona fallece, debemos recordar que Dios

es un Dios soberano; hay cosas que podremos comprender y cosas que no; pero debemos estar bien con ello. Dios tiene la autoridad y hace lo que a Él le place.

Los misterios de Dios son insondables, y la muerte es uno de ellos. Quizá nunca obtendremos la respuesta a algunas preguntas, pero es así como Dios lo dispuso y a Él sea la gloria.

PARA FINALIZAR

Si a ti, amado lector, te está sucediendo lo que a mí: te has bloqueado, te tapas los oídos cuando escuchas hablar del tema o te cierras ante esa realidad; hoy es el momento para que extiendas tu mano y comiences a caminar tomado de la mano de Dios, convencido de que Él tiene buenos planes para ti.

«Porque yo sé muy bien los planes que tengo para ustedes —afirma el Señor—, planes de bienestar y no de calamidad, a fin de darles un futuro y una esperanza.» Jeremías 29:11 (NVI)

CAPÍTULO 12

YO MANTUVE VIVO A MI PAPÁ

En estas líneas te muestro mi perspectiva del porqué del título de este capítulo; y confío en que mi perspectiva pueda convertirse en la tuya.

Recuerdo que cuando era adolescente, había momentos en que sentía temor de que mi padre falleciera; y no es que tuviera algún motivo como que él estuviese enfermo o tuviera alguna condición, simplemente era que el saber que le tenía, era muy importante para mí, y el solo hecho de pensar en perderlo me causaba temor, razón por la cual, siempre pedía a Dios que le concediera vivir muchos años.

Creo que sentía esos temores porque no quería prescindir de lo que el padre de familia representa: protección, provisión, amor y cuidados, o quizá porque saber que él estaba ahí, me daba esa seguridad que todo hijo necesita; el punto es que como a todo hijo que ama a su padre, la idea de perderle, me aterraba. Conocía algunas familias disfuncionales y de solo pensar en que la mía se convirtiera en una por la falta de mi padre, me moría de miedo.

Recuerdo que cuando tenía trece años, le pedía que me lo guardara al menos hasta que cumpliera mis quince años. Yo era una de aquellas jovencitas que soñaban con una fiesta de quinceañera en la que, por supuesto, el papá tiene una participación importante. Gracias a Dios, él estuvo en esa parte de mi vida: me celebraron mis quince años y tuve la oportunidad de bailar el tradicional *vals* con mi padre. Me sentía agradecida y pude ver cómo Dios respondió a mi clamor.

Mi padre fue un hombre trabajador y siempre proveyó para nuestras necesidades. Gracias a Dios, nos respaldó para terminar una carrera universitaria; y yo le pedía a Dios que me permitiera aún contar con la presencia de mi padre cuando yo me graduara de la universidad, lo cual también Él me concedió.

Con el transcurrir del tiempo, y supongo que porque esos temores de perderlo me rondaban aún; me presenté delante de Dios nuevamente pero ahora con otra petición, ahora le pedía: «Guárdame a mi padre hasta que me case»; y no es que ya estaba pensando casarme, pero de alguna manera visualizaba que ese sería el siguiente acontecimiento importante en mi vida. Creo firmemente que la oración tiene poder porque Dios me concedió el sueño de caminar hacia el altar y ser entregada por mi padre a mi futuro esposo.

Espero que haya logrado captar tu atención; si es así, seguramente ya estás comprendiendo el porqué del título de este capítulo. Después de que me casé, le pedía que me lo guardara hasta que nacieran todos mis hijos y los de mis hermanos, para que él tuviera la oportunidad de conocer a sus nietos. Dios fue bueno y escuchó mis oraciones y nos prestó a mi padre hasta que el cumplió setenta y tres años. Ya todos sus hijos éramos adultos y tuvo la bendición de conocer a todos sus nietos.

Alguna vez me pasó por la mente el pensamiento de que

«yo mantuve vivo a mi papá», no porque yo tenga el poder de la vida o la muerte en mis manos; pero sí a través de mis oraciones tan específicas, constantes y persistentes. En realidad eran clamores, un clamor, en su definición, es un término que refiere al grito o la expresión que se pronuncia con vehemencia o vigor; y la Palabra de Dios, en el libro de Jeremías 33:3 dice: «Clama a mí, y yo te responderé, y te enseñaré cosas grandes y ocultas que tú no conoces»; en otras palabras, yo clamaba a Dios por ese deseo de mi corazón, y pude constatar que Él es fiel a sus promesas.

No sé si puedas visualizar a aquella niña, joven y aún adulta *gritándole* a Dios con todas sus fuerzas: «¡Cuida de mi papá! ¡Guarda a mi papá! ¡Un año más, Señor! ¡Unos años más! ¡En el nombre de Jesús te lo pido!»

En Juan 14:13-16 dice: «Y todo lo que pidiereis al Padre en mi nombre, lo haré, para que el Padre sea glorificado en el Hijo. Si algo pidiereis en mi nombre, yo lo haré»; y esta fue otra escritura que me dio la pauta para poner el título de este capítulo, porque desde que dí mis primeros pasos en mi relación con Dios, aprendí que mis oraciones debían ser hechas en el nombre de Jesús, así que cuando pedía a Dios que extendiera la vida de mi padre, siempre oraba en Su nombre.

Aun si me respaldara solo en la promesa que está en Salmos 37:4 y dice: «Deléitate asimismo en Jehová, Y él te concederá las peticiones de tu corazón», puedo afirmar mi teoría, pues a mí solo me correspondía deleitarme en Dios y Él concedería esa petición de mi corazón. Si creemos que Dios es fiel a su Palabra, podemos confirmar que mis clamores fueron escuchados, que Dios se glorificó en la vida de mi padre.

Mi padre vivió 73 años. Fue un gran esposo, un gran padre y un gran abuelo. Agradezco a Dios el tiempo que nos permitió tenerlo entre nosotros y todo lo que le permitió lograr en su vida; su partida fue difícil para todos, pero la mano de Dios nos sostuvo en ese tiempo. El médico nos informó que le quedaban aproximadamente seis meses de vida y solo lo tuvimos entre nosotros quince días más después de esa noticia.

Hay una historia en la escritura que me impacta, es la historia del rey Ezequías y se encuentra en 2 Reyes 20:1-6; y dice lo siguiente:

«En aquellos días Ezequías cayó enfermo de muerte. Y vino a él el profeta Isaías hijo de Amoz, y le dijo: Jehová dice así: Ordena tu casa, porque morirás, y no vivirás. Entonces él volvió su rostro a la pared, y oró a Jehová y dijo: Te ruego, oh Jehová, te ruego que hagas memoria de que he andado delante de ti en verdad y con íntegro corazón, y que he hecho las cosas que te agradan. Y lloró Ezequías con gran lloro. Y antes que Isaías saliese hasta la mitad del patio, vino palabra de Jehová a Isaías, diciendo: Vuelve, y di a Ezequías, príncipe de mi pueblo: Así dice Jehová, el Dios de David tu padre: Yo he oído tu oración, y he visto tus lágrimas; he aquí que yo te sano; al tercer día subirás a la casa de Jehová. Y añadiré a tus días quince años, y te libraré a ti y a esta ciudad de mano del rey de Asiria; y ampararé esta ciudad por amor a mí mismo, y por amor a David mi siervo.»

En esta historia encontramos otra confirmación más de que si le pedimos algo a Dios, si le rogamos con todo nuestro corazón, ¡Él nos escucha!

Podemos ver cómo escuchó el clamor y el llanto de Ezequías cuando ya había sido desahuciado. Dice la palabra que todavía Isaías no llegaba a la mitad del patio cuando ya Dios le estaba devolviendo con un decreto diferente: uno de vida en vez de muerte; y dice la Biblia que Dios le concedió ser sanado y junto con ello, quince años más de vida.

PROMESA PARA TODOS

Quizá te preguntes si lo he aplicado con otras personas de mi familia, la respuesta es: ¡por supuesto!

Oro por que Dios le conceda una larga vida a los seres que amo, y le pido que me permita estar presente para verlos vivir. Y no sólo pido vida para ellos, pido además salud, fortaleza y que esa vida sea una vida bendecida Mientras escribo, mi madre tiene ya 82 años, goza de muy buena salud y es una bendición muy grande tenerla.

PARA FINALIZAR

Tú puedes comenzar a hacer lo mismo: comienza a orar por larga y bendecida vida para ti y para los seres que te rodean, sabiendo que un día, todos tenemos que partir; pero mientras tanto, Dios te concede lo que le estás pidiendo.

«Él me invocará, y yo le responderé; estaré con él en momentos de angustia; lo libraré y lo llenaré de honores. Lo colmaré con muchos años de vida y le haré gozar de mi salvación.» Salmos 91: 15-16 (NVI)

CAPÍTULO 13

DESTINO DIVINO EN LA TIERRA

El destino es esa fuerza sobrenatural que nos lleva hacia un fin no escogido por nosotros mismos. Todos tenemos un destino que cumplir, algo a lo que tenemos que llegar, y cuando me refiero a destino divino, me refiero a ese fin pre planeado por Dios para cada uno de nosotros; destino divino no es el fin que nosotros planeamos, es el que Dios eligió.

Nuestro final, es decir el día en que somos llevados a la presencia de Dios, viene después de haber cumplido nuestro propósito en la tierra, cuando ya hicimos todo lo que Dios visualizó que haríamos.

Me impacta pensar que muchas personas nacen, crecen y mueren sin cumplir su destino divino. ¿Puede ser esto posible? ¡Claro que sí! La razón es que hay personas que en ningún momento tomaron la decisión de permitir a Dios entrar en sus vidas; otros le permitieron entrar pero no dirigir sus vidas; en la mayoría de los casos, porque hubo algo que no quisieron rendir y dejar para seguir a Dios, y de esta manera, asegurarse de caminar por el camino que les llevaría a su destino, camino previamente trazado por Dios.

Una de las cosas que más agradezco a Dios es que me haya permitido conocerle y entender que mi vida no me pertenecía sino a Él; que no era yo quien iba a dirigir mi vida, sino que sería Él; y que no eran mis metas las que tendría que perseguir, sino las que Dios me trazó para lograr cumplir mi destino divino en la tierra.

Una vez escuché decir a alguien que mientras no estuviéramos cumpliendo nuestro propósito en la tierra, difícilmente seríamos felices; ¡y yo lo creo! Nuestra felicidad, el verdadero gozo y aun nuestra paz, están ligadas totalmente al hecho de qué tanto estamos cumpliendo con nuestro destino.

La historia de Jonás

Dios le dio a Jonás la orden de ir a Nínive a proclamar que su maldad había subido delante de sus ojos. Él no quiso ir, en cambio, decidió huir de Dios; dice la Biblia que Jonás encontró un barco que partía para Tarsis en el cual se embarcó:

«Pero Jehová hizo levantar un gran viento en el mar, y hubo en el mar una tempestad tan grande que se pensó que se partiría la nave. Y los marineros tuvieron miedo, y cada uno clamaba a su dios; y echaron al mar los enseres que había en la nave, para descargarla de ellos. Pero Jonás había bajado al interior de la nave, y se había echado a dormir. Y el patrón de la nave se le acercó y le dijo: ¿Qué tienes, dormilón? Levántate, y clama a tu Dios; quizá él tendrá compasión de nosotros, y no pereceremos. Y dijeron cada uno a su compañero: Venid y echemos suertes, para que sepamos por causa de quién nos ha venido este mal. Y echaron suertes, y la suerte cayó sobre Jonás. Entonces le dijeron ellos: Decláranos ahora por qué nos ha venido este mal. ¿Qué oficio tienes, y de dónde vienes? ¿Cuál es tu tierra, y de qué pueblo eres? Y él les respondió:

Soy hebreo, y temo a Jehová, Dios de los cielos, que hizo el mar y la tierra. Y aquellos hombres temieron sobremanera, y le dijeron: ¿Por qué has hecho esto? Porque ellos sabían que huía de la presencia de Jehová, pues él se lo había declarado. Y le dijeron: ¿Qué haremos contigo para que el mar se nos aquiete? Porque el mar se iba embraveciendo más y más. El les respondió: Tomadme y echadme al mar, y el mar se os aquietará; porque yo sé que por mi causa ha venido esta gran tempestad sobre vosotros.» Jonás 1:4-12

Cuando intentamos huir del propósito que Dios tiene para nuestra vida, cuando pensamos equivocadamente que podemos escapar de hacer lo que Dios nos está mandando hacer, las cosas comienzan a descomponerse, ¡las circunstancias adversas comienzan a manifestarse!

Las Escrituras dicen en el versículo 15 que finalmente lo echaron al mar, y cuando esto sucedió, el mar se aquietó. Veamos en el versículo 17 lo que sucedió:

«Pero Jehová tenía preparado un gran pez que tragase a Jonás; y estuvo Jonás en el vientre del pez tres días y tres noches.»

Dicen que no hay peor ciego que el que no quiere ver; era evidente que Dios estaba permitiendo todas estas situaciones en Jonás para que recapacitara. ¡Tú no puedes huir de Dios! Tú no puedes esconderte de Dios, aún así te vayas al rincón más lejano del mundo.

Si es que estás viviendo circunstancias difíciles, es muy posible que tengas que mirar qué tanto estás cumpliendo ese propósito de parte de Dios para ti. Dios está esperando que recapacites, te arrepientas y te rindas, así como Jonás terminó rindiéndose y lo podemos leer en el capítulo 2:

«Entonces oró Jonás a Jehová su Dios desde el vientre del pez, y dijo: Invoqué en mi angustia a Jehová, y él me oyó; Desde el seno del Seol clamé, y mi voz oíste. Me echaste a lo profundo, en medio de los mares, y me rodeó la corriente; todas tus ondas y tus olas pasaron sobre mí. Entonces dije: Desechado soy de delante de tus ojos; mas aún veré tu santo templo. Las aguas me rodearon hasta el alma, rodeóme el abismo; el alga se enredó a mi cabeza. Descendí a los cimientos de los montes; la tierra echó sus cerrojos sobre mí para siempre; mas tú sacaste mi vida de la sepultura, oh Jehová Dios mío. Cuando mi alma desfallecía en mí, me acordé de Jehová, y mi oración llegó hasta ti en tu santo templo. Los que siguen vanidades ilusorias, Su misericordia abandonan. Mas yo con voz de alabanza te ofreceré sacrificios; pagaré lo que prometí. La salvación es de Jehová. Y mandó Jehová al pez, y vomitó a Jonás en tierra.»

Habiendo reconocido que estaba haciendo lo incorrecto delante de Dios, fue a Él, arrepentido, y Dios le perdonó y le rescató.

Creo firmemente en el llamado de Dios para las personas. Sé que conocer y aceptar ese llamado nos encamina hacia el cumplimiento de nuestro destino. En lo personal, te confieso, alguna vez intenté huir del llamado que Dios me había hecho, estaba aún joven y me sentía todavía muy atraída a las cosas del mundo. Cuando estuve resistiéndome a obedecer a Dios, me sentía alejada de Él; mi conciencia espiritual me recordaba que algo no estaba bien. Podemos vivir totalmente alejados del cumplimiento de nuestro propósito. Podemos caminar en una dirección totalmente opuesta de a donde debemos caminar. Y así fue como entendí que Dios me había salvado para que le sirviera.

ATADURAS QUE NOS DESVÍAN DE NUESTRO DESTINO

Servir a Dios trae bendición y recompensas a quienes le sirven, pero muchas veces hay situaciones que tenemos que vencer para encontrar nuestro destino; hay muchas cosas que pueden estar atando a una persona, y una persona atada no puede moverse, por lo tanto, se encuentra en riesgo de no lograr cumplir su propósito aquí en la tierra.

Encuentro que hay cuatro principales ataduras en un creyente, que le impiden convertirse en alguien que cumple su destino aquí en la tierra.

1) RELIGIOSIDAD
La religiosidad puede ser un problema grande si no lo detectamos. Como muchas otras cosas, tiende a fortalecerse si no lo combatimos. Al referirme a religiosidad me estoy refiriendo a ese tipo de personas que aparentan tener una relación con Dios, pero que en realidad no la tienen. Buscan agradar al hombre más que a Dios. Actúan para atraer la atención de las personas, antes que la de Dios.

«Y cuando ores, no seas como los hipócritas; porque ellos aman el orar en pie en las sinagogas y en las esquinas de las calles, para ser vistos de los hombres; de cierto os digo que ya tienen su recompensa.» Mateo 6:5

Una persona religiosa no escucha la voz de Dios, frecuentemente ni lo conoce, no ha tenido un encuentro personal con Jesús vivo. Conoce la Palabra, pero le cuesta vivirla. Camina en la ley más que en la gracia. Condena y juzga, sin mirar su propia conducta.

«¿Y por qué miras la paja que está en el ojo de tu hermano, y no echas de ver la viga que está en tu propio ojo? ¿O cómo dirás a tu hermano: Déjame sacar la paja de tu ojo, y he aquí la viga en el ojo tuyo? ¡Hipócrita! saca primero la viga de tu propio ojo, y entonces verás bien para sacar la paja del ojo de tu hermano.» Mateo 7:3-5

El principal problema que veo con la religiosidad, es que la persona no tiene una conexión real con Dios, no tiene una sensibilidad desarrollada, no está habituado a oír su voz y mucho menos a seguirla.

2) TEMORES

El temor es una de las ataduras más comunes en las personas. Hasta grandes hombres de la Biblia lo experimentaron; sin ir más lejos, ¡Moisés!

«Ven, por tanto, ahora, y te enviaré a Faraón, para que saques de Egipto a mi pueblo, los hijos de Israel.

Entonces Moisés respondió a Dios: ¿Quién soy yo para que vaya a Faraón, y saque de Egipto a los hijos de Israel?» Éxodo 3:10-11

Su destino era dirigir al pueblo de Dios hacia la tierra prometida. Cuando recibió su llamado, se atemorizó, no pensaba que era la persona correcta para hacerlo; pero su destino ya estaba marcado por el dedo de Dios.

«Entonces dijo Moisés a Jehová: ¡Ay, Señor! Nunca he sido hombre de fácil palabra, ni antes, ni desde que tú hablas a tu siervo; porque soy tardo en el habla y torpe de lengua.» Éxodo 4:10

En Éxodo 10:12, Dios le promete a Moisés no dejarlo solo: «Y él respondió: Ve, porque yo estaré contigo...» En Éxodo 4:11-12 vemos lo que Dios respondió a Moisés cuando argumentó en base a su tartamudez:

«Y Jehová le respondió: ¿Quién dio la boca al hombre? ¿o quién hizo al mudo y al sordo, al que ve y al ciego? ¿No soy yo Jehová? Ahora pues, ve, y yo estaré con tu boca, y te enseñaré lo que hayas de hablar.»

Si tú quieres asegurarte de cumplir tu destino divino aquí en la tierra, debes de asegurarte de ser libre de todo temor. Al igual que a Moisés, Dios te promete estar contigo; al igual que a Moisés, Dios te promete poner palabras en tu boca; con Dios contigo, ¿quién contra ti?

Sé libre de todo temor y redirecciónate hacia el cumplimiento de tu destino.

3) SORDERA Y CEGUERA ESPIRITUAL

Dice un refrán popular: «No hay peor sordo que el que no quiere oír, ni peor ciego que el que no quiere ver».

Cuando el llamado de Dios se nos presenta, ¡Él se asegura de que lo tengamos claro! Para ver y escuchar el llamado que Dios nos está haciendo, debemos ser libres de toda sordera y ceguera espiritual.

«No saben ni entienden; porque cerrados están sus ojos para no ver, y su corazón para no entender.» Isaías 44:18

Cristo vino al mundo para salvarnos, pero debemos comprender que al salvarnos, ¡también nos llamó!

«En los cuales el dios de este siglo cegó el entendimiento de los incrédulos, para que no les resplandezca la luz del evangelio de la gloria de Cristo, el cual es la imagen de Dios.» 2 Corintios 4:4

4) AMOR AL MUNDO Y AL PECADO

Si cuando recibimos el llamado de Dios estamos viviendo bajo alguna atadura de pecado, o aun nos sentimos atraídos por el mundo, difícilmente estaremos dispuestos a aceptar ese llamado.

Para responder al llamado de Dios, debes renunciar totalmente a todo lo que el mundo ofrece, pues el llamamiento demanda una vida de consagración y santidad que no es compatible con el pecado, el mundo y sus prácticas. El vivir atado al pecado, es algo que puede tener a muchos viviendo fuera del camino que Dios trazó para ellos. Estamos en el mundo pero no pertenecemos al mundo.

PARA FINALIZAR

Si quieres alcanzar la plenitud de la vida, asegúrate de encontrar tu destino divino en la tierra.

En otras palabras, no vivas ignorando que cuando Dios te dió la vida, lo hizo con un propósito preestablecido para ti; asegúrate de encontrar ese propósito para que puedas finalmente cumplir con tu destino en la tierra, antes de accesar a tu destino eterno.

Conclusión

Es imperante que comiences a disfrutar del regalo que Dios ha puesto en tus manos, es tuyo, es tu vida. Aprende a caminar contra la corriente cuando sea necesario; aprende a vencer la frustración, el desánimo y el temor cuando estos se presenten.

Cuando lo inevitable llegue, entiende que nada ni nadie puede cambiar eso, pero tienes la opción de escoger cómo vives. Pídele a Dios que te muestre tu propósito, porque definitivamente tienes uno. Sé testigo de cómo Dios puede fortalecerte y sostenerte en los tiempos de dolor y de prueba. Vive agradecido por las bendiciones que Dios te da cada día, no codicies lo que otros tienen.

No sabes cuándo será el día en que Dios te llevará a Su presencia. Lo que el mundo ofrece te aleja de Dios y del cumplimiento de tu destino. La Biblia dice que somos peregrinos en la tierra, estamos de paso. Te animo a tomar la decisión de ir a Dios para que puedas encontrar tu destino y disfrutar de todo lo que Dios quiere darte; pero, además, comenzar a hacer lo que Él quiere que hagas, y a vivir como Él quiere que vivas.

¡No hay más tiempo que perder! Encuentra tu destino y recupera tu vida, la vida que en realidad te corresponde vivir, disfrutando de ese regalo que Dios te concede cada día, caminando bajo Su mano de favor y gozándote por todas las maravillas que le verás hacer en tu vida y en la de los que amas.

Acerca de la autora

Anna Carrillo nació en Ciudad Juárez, Chihuahua, México. Estudió en la Universidad Autónoma de Ciudad Juárez, donde obtuvo el título de licenciada en Educación Preescolar; y en la Universidad Autónoma de Chihuahua en el departamento de Bellas Artes, donde se graduó con el título de director artístico con especialidad en danza folklórica mexicana.

Se dedicó, por más de quince años, a la enseñanza en la mayoría de los niveles educativos, desde preescolar hasta preparatoria, llevando a los estudiantes de decenas de generaciones a incursionar en el mundo de la danza folklórica mexicana, y dirigiendo además grupos folklóricos escolares y profesionales.

En el año 2000, emigró a los Estados Unidos, situación que Dios utilizó para encaminarla a ella y su familia hacia el cumplimiento de su propósito.

Recibió su llamado a servir a Dios en el año 2001, cuando llegó con su familia a la ciudad de Denver, Colorado. Anna, junto con su esposo y sus hijos, aceptaron el llamado que Dios les hizo para que le sirvieran, y actualmente conforman una familia sacerdotal, en donde todos los miembros de su familia aman y sirven a Dios.

Escribir es parte del ministerio que ejerce actualmente; es el anhelo de su corazón y su propósito es bendecir a todos aquellos que necesiten recibir una palabra escrita bajo la dirección de Dios.

Para más información y contacto escribe a:
Anna Carrillo
annacarapo@hotmail.com
AnnaCarrilloLibro.com

Made in the USA
Middletown, DE
05 November 2022

14047194R00068